AF203057

GILBERT KEMPFF

WILLENSFREIHEIT

ODER DER ZOPF DES BARONS VON MÜNCHHAUSEN

© 2016 Gilbert Kempff

Verlag: tredition GmbH, Hamburg

ISBN Paperback   978-3-7345-1953-6
ISBN Hardcover   978-3-7345-1954-3
ISBN e-Book   978-3-7345-1955-0

Printed in Germany

Umschlagillustration von G. Doré

Das Herz hat seine Gründe, von denen der Verstand nichts weiß.

Pascal

Mit der Notwendigkeit sind die Götter immer im Bunde.

Montaigne

I am what I am.

Popeye

Inhalt

I. Der Determinismus: eine weitere Kränkung?

Das Problem der Willensfreiheit ist nicht irgendein psychologisches oder philosophisches Problem unter anderen. Von dieser Frage hängt unser Menschenbild ab, das heißt das Bild, das wir uns von uns selbst gemacht haben. Hier lauert eine weitere Kränkung - die letzte, die uns nach all den anderen noch zugefügt werden kann. Zuerst hat uns Kopernikus aus dem Mittelpunkt des Weltalls vertrieben. Das war schon schlimm genug; schließlich war es unser angestammter Platz. Dann hat uns Darwin rigoros auf den Boden der Biologie gestellt und damit nicht nur unsere schöne Schöpfungsgeschichte zerstört, sondern uns auch noch diese unmögliche Verwandtschaft angehängt. Unsere Entwicklung zum höheren Affen verdanken wir nur einer Laune der Evolution. Zu guter Letzt hat uns Freud vorgeführt, dass sich unser Leben nicht nur in der Sphäre des Bewusstseins abspielt, sondern dass wir auch von Motiven gelenkt werden, von denen wir gar nichts wissen. Dass wir, mit seinen Worten, nicht einmal Herr im eigenen Hause sind. [1]

Mit der Frage der Willensfreiheit wird entschieden, ob nicht am Ende sogar unser Wille den Gesetzen der Notwendigkeit gehorchen muss. Zappeln wir nur an den Fäden der Kausalität? Oder sind wir, als *denkende* Wesen, nicht wenigstens Herr über unseren eigenen Willen? Bestimmen wir nicht über uns selbst? Unser Bewusstsein sagt uns, dass wir diese Freiheit unbedingt haben. Aber wer sagt uns, dass uns unser Bewusstsein nicht nur eine Illusion vorspiegelt? Es wäre nicht das erste Mal.

A. Schopenhauer hat das Problem folgendermaßen beschrieben: „Die Frage ist wirklich eine höchst bedenkliche. Sie greift mit forscher Hand in das allerinnerste Wesen des Menschen: sie will wissen, ob auch er wie alles übrige in der Welt ein durch seine Beschaffenheit selbst ein für allemal entschiedenes Wesen sei, welches wie jedes andere in der Natur seine bestimmten, beharrlichen Eigenschaften habe, aus denen seine Reaktionen auf entstehenden äußern Anlass notwendig hervorgehn, *oder ob er allein eine Ausnahme von der ganzen Natur mache.*" [2]

Und so ist es. Die Willensfreiheit beruht auf der Voraussetzung, dass das Gesetz der Kausalität in unserem Kopf außer Kraft getreten ist. Im Geltungsbereich der Kausalität gibt es keine Freiheit. In den folgenden Kapiteln soll der Versuch gemacht werden, diesem interessanten Phänomen von verschiedenen Seiten her ein wenig auf die Spur zu kommen.

Zu allererst muss natürlich gefragt werden, ob eine Freiheit des Willens überhaupt mit der *Logik*, mit den Denkgesetzen zu vereinbaren ist. Hier sind gewisse Zweifel am Platz - vor allem, wenn man der Frage nachgeht, *wovon* denn der Wille eigentlich frei sein soll? Der Begriff der Freiheit erhält ja erst dann einen Sinn, wenn gefragt wird: frei wovon?

Die *Psychoanalyse* gibt uns ein anderes Rätsel auf. Wie kann die Willensfreiheit mit der Tatsache vereinbart werden, dass wir unsere wahren Beweggründe oft selbst nicht kennen? Kann man über Motive verfügen, von denen man gar nichts weiß?

Neuerdings ist die *Hirnforschung* auf den Plan getreten und hat die Biologie des Gehirns gegen die Willensfreiheit in Stellung gebracht. Sie hat die besonders unangenehme Frage aufgeworfen, ob unsere geistigen Prozesse nicht am Ende nur physiologische Prozesse sind, die der Kausalität ebenso unterliegen wie alles andere auch?

Die Willensfreiheit ist aber nicht nur ein akademisches Problem. Sie hat auch einen wichtigen gesellschaftlichen Bezug. Das *Strafrecht* beruht auf dem Begriff der Schuld, und Schuld setzt Entscheidungsfreiheit voraus. Die Verantwortlichkeit folgt aus der Freiheit. Gesetzt den Fall, die Willensfreiheit wäre nur eine Illusion: was wird dann aus dem Strafrecht? Müssen wir jetzt Unschuldige bestrafen? Oder ist nicht auch ein Strafrecht denkbar, das ohne Schuld und Sühne auskommt?

II. Was ist überhaupt eine freie Willensentscheidung?

Die Schwierigkeiten mit der Willensfreiheit beginnen bereits bei der Definition. Irgendwie entzieht sie sich einer Beschreibung, sie ist nicht so recht zu fassen. *Wie frei* hat man sich den freien Willen vorzustellen? Kann er *alles* wollen? Oder ist er durch irgendetwas begrenzt? Zum Beispiel durch die individuellen Gegebenheiten des Charakters, des Temperaments, der Intelligenz usw.? Und ist der Wille durch irgendetwas begrenzt: in welchem Sinne kann er dann noch als frei bezeichnet werden? Sind wir nur frei innerhalb unserer jeweiligen Möglichkeiten und Grenzen? Aber wo verlaufen diese Grenzen? Wie weit folgen wir nur den unabänderlichen Gesetzen unserer Natur, und wann haben wir selbst auch noch ein Wort mitzureden? Es ist nicht ganz leicht, sich von der Willensfreiheit einen Begriff zu machen.

Gewöhnlich wird die Willensfreiheit als *Wahlfreiheit* aufgefasst. Stehen wir vor mehreren Handlungsmöglichkeiten, können wir frei zwischen ihnen wählen. Wir können uns sowohl für das eine entscheiden, als auch für etwas anderes - ganz wie wir wollen. Das heißt aber nur: wir können das eine tun - *wenn wir es wollen*. Wir können auch etwas ganz anderes tun - *wenn wir es wollen*. Kurzum: wir können *das* tun, was wir wollen. Aber das versteht sich von selbst. Die *Freiheit* des Willens ist damit nicht erklärt, hier fangen die Fragen erst an. Wie kommt eine Willensentscheidung überhaupt zustande? Und wie kommt die Freiheit in den Willen hinein? Und vor allem: von was für einer Art Freiheit ist hier die Rede?

Wie also soll man sich eine freie Willensentscheidung vorstellen? Vielleicht kommt man der Sache etwas näher, wenn man die Frage in ihre Bestandteile zerlegt und sich zuerst einmal über die Begriffe verständigt. Was ist *Freiheit*? Was ist der *Wille*? Und was ist eine *Entscheidung*? Davon handeln die folgenden Abschnitte.

Was ist Freiheit?

Freiheit ist wohl das am meisten malträtierte Wort der Weltgeschichte (allenfalls die Gerechtigkeit kann es in dieser Hinsicht noch mit ihr aufnehmen). Wie viele Ideologen und Demagogen haben nicht schon die Freiheit auf ihre Fahnen geschrieben und mit Pathos aufgeladen! Wie viele Freiheitsverheißungen haben am Ende nur in neue Unfreiheit geführt! Es scheint, als läge in der Freiheit die größte Sehnsucht der Menschen. Wenn man sich die Geschichte der Menschheit näher ansieht, wird diese Sehnsucht begreiflich. Aber je größer eine Sehnsucht, desto leichter lässt sie sich in die Irre führen.

Sogar der Marxismus, der in einer üblen Diktatur des Sekretariats versandet ist, hatte einst das „Reich der Freiheit" versprochen. Es ist eine besondere Ironie der Geschichte, dass sogar vom „Absterben des Staates" die Rede gewesen ist. Dahinter steckte die merkwürdige Vorstellung, dass mit der Abschaffung der Eigentumsverhältnisse auch die Herrschaftsverhältnisse abgeschafft sein würden. Aber die Herrschaftsverhältnisse haben uns etwas gehustet. Sie haben sofort ein neues Machtinstrument gefunden: den Parteiapparat. Die Geschichte ist nicht nur eine Geschichte von Klassenkämpfen, wie uns der Marxismus weismachen wollte, sondern eine Geschichte von Machtkämpfen. Die Macht hat viele Gesichter.

Es versteht sich, dass auch der Kapitalismus für sich in Anspruch nimmt, auf der Freiheitsidee zu fußen - und zwar nicht nur auf der Freiheit des Marktes und der Kapitalverwertung, sondern auch auf der Freiheit des Individuums. Aus der Freiheit bezieht der Kapitalismus geradezu seine moralische Legitimation. Die konsequenteste Variante des Kapitalismus, der sogenannte Neo-Liberalismus, führt die Freiheit sogar schon im Firmenschild. Unvergessen ist auch ein Wahlslogan aus den 1970er Jahren: „Freiheit statt Sozialismus!" Was für eine Freiheit ist hier gemeint? Um wessen Freiheit handelt es sich? Am Ende ist es, nach einem schönen Wort von R. Garaudy, nur die Freiheit eines freien Fuchses in einem freien Hühnerstall.

Kurz gesagt: mit der Freiheit lässt sich alles machen. Je größer ein Wort ist, desto mehr passt hinein. Und je mehr man hineinstopft, desto leerer wird es. Ein Paradox.

Will man der Freiheit des *Willens* auf die Spur kommen, ist eine etwas nüchternere Betrachtungsweise am Platz. Freiheit ist, logisch gesprochen, kein positiver, sondern nur ein negativer Begriff. Er hat selbst keinen Inhalt, keine Substanz. Freiheit kann nur durch die *Abwesenheit von etwas* bestimmt werden, nämlich durch die Abwesenheit von Freiheitsbeschränkungen. Freiheit ist die Abwesenheit von Unfreiheit. Der Satz: „ich bin frei" ist für sich allein genommen vollkommen sinnlos (außer vielleicht bei einem gerade entlaufenen Strafgefangenen). Das Wort „frei" erhält erst dann einen Sinn, wenn gefragt wird: frei wovon? Freiheit ist immer die Freiheit *von etwas*, es liegt in der Logik des Begriffs. Diese Logik folgt den realen Gegebenheiten. Die Freiheit selbst ist nur eine Abstraktion - konkret und greifbar sind allein die Hindernisse, die sich der Freiheit entgegenstellen.

Wir sind (wenn wir Glück haben) sorgenfrei, beschwerdefrei, schuldenfrei. Wir sind frei von Verpflichtungen, Beschränkungen und Behinderungen jeder Art. Freie Völker sind frei von Unterdrückung - sei es durch fremde Mächte, sei es durch selbstgemachte Diktatoren. Unsere bürgerlichen Freiheiten sind nichts anderes als Freiheit von Willkür und Machtmissbrauch - und die haben wir uns, wie Gott weiß, erst einmal mühsam genug erkämpfen müssen. *Meinungsfreiheit* heißt: niemand hindert mich daran, meine Meinung jederzeit offen zu äußern; *Versammlungsfreiheit*: niemand hindert mich daran, mich mit anderen zu versammeln, um gemeinsame Interessen öffentlich zu vertreten; *Vereinigungsfreiheit*: niemand hindert mich daran, mich mit anderen in Verbänden, Parteien, Gewerkschaften usw. zusammenzuschließen, um gemeinsame Interessen womöglich sogar durchzusetzen.

Die Freiheit definiert unser Verhältnis zur Außenwelt. Freiheit ist immer *Handlungsfreiheit* und bedeutet: ich kann tun, was ich will. Wir sind frei in dem Maße, in dem sich unser Wille ungehindert Geltung verschaffen kann. Wir sind unfrei in dem Maße, in dem unser Wille auf Zwänge stößt, denen er nicht gewachsen ist. *Freiheit setzt einen bestimmten Willen immer schon voraus.*

Dieser Freiheitsbegriff kann folglich nicht *auf den Willen selbst* übertragen werden, er verliert dort seinen Sinn. Wovon sollte der Wille selbst frei sein? Wer könnte ihn daran hindern, etwas zu wollen? Was für eine Freiheit soll das sein?

Machen wir die Probe aufs Exempel. Überträgt man die Handlungsfreiheit (ich kann tun, was ich will) auf den Willen, dann kommt als Willensfreiheit heraus: *ich kann wollen, was ich will*. Das ist eine einigermaßen schwindelerregende Vorstellung. Kann es sich der Wille selbst aussuchen, was er wollen will? Wie weit reicht jetzt seine Freiheit? Kann er alles wollen? Der Wille wäre dann frei von sich selbst.

Gedankliche Verrenkungen dieser Art führen zu nichts. Der Wille ist, was er ist, er hat keinen doppelten Boden. Wir können etwas wollen, aber wir können nicht etwas wollen wollen - schon die Sprache sträubt sich bei dem Gedanken. Und die Sprache hat recht: es ist nur eine Tautologie.

Hier liegt der erste innere Widerspruch der Willensfreiheit. Freiheit kann nur als Handlungsfreiheit gedacht werden. Bezieht man die Freiheit auf den Willen, kann man sich darunter nichts mehr vorstellen. Die Willensfreiheit ist, mit Voltaire zu reden, eine vollkommen sinnlose Wortverbindung .[3]

A. Schopenhauer hat den Tatbestand folgendermaßen auf den Punkt gebracht: Mit der Willensfreiheit ist

„der Begriff der Freiheit, den man bis dahin nur in Bezug auf das *Können* gedacht hatte, in Beziehung auf das *Wollen* gesetzt worden und das Problem entstanden, ob denn das Wollen selbst frei wäre. Aber diese Verbindung mit dem Wollen einzugehn zeigt bei näherer Betrachtung der Begriff der Freiheit sich unfähig. Denn nach diesem bedeutet ,frei': *dem eigenen Willen gemäß*. Fragt man nun, ob der Wille selbst frei sei, so fragt man, ob der Wille sich selbst gemäß sei: was sich zwar von selbst versteht, womit aber auch nichts gesagt ist. Dem empirischen Begriff der Freiheit zufolge heißt es: ,Frei bin ich, wenn ich tun kann, was ich will'… Jetzt aber, da wir nach der Freiheit des *Wollens selbst* fragen, würde demgemäß diese Frage sich so stellen: ,Kannst du auch *wollen,* was du willst?' - welches herauskommt, als ob das Wollen noch von einem andern, hinter ihm liegenden Wollen abhinge." [4]

So erinnert die Willensfreiheit ein wenig an die geheimnisvolle Kraft, mit der sich der Baron von Münchhausen mitsamt seinem Pferd an seinem eigenen Zopf aus dem Sumpf selbst herausgezogen hat. Das war, im Reich der Ideen, eine sehr bedeutungsvolle Tat. Wir werden dem Baron im Laufe unserer Überlegungen noch öfter begegnen.

Was ist der Wille?

Cogito ergo sum. Ich denke, also bin ich. Der berühmte Satz von Descartes war nur ein philosophischer Scherz, eine Pointe, die besagen sollte: vergessen wir alles, was wir wissen oder zu wissen glauben, fangen wir noch einmal ganz von vorn an. Nach dem tausendjährigen Reich des Glaubens war das ein sehr vernünftiger Satz. Richtig müsste der Satz allerdings lauten: *ich will*, also bin ich.

Leben heißt Wollen, es sind nur zwei Begriffe für dieselbe Sache. Wir leben nur dadurch, dass wir wollen. Unser Wille setzt uns in Bewegung, treibt uns an und setzt uns Ziele. Unser Wille bestimmt, was wir tun und was wir lassen. Oft genug bestimmt er sogar, was wir denken. Wenn wir nichts mehr wollen, sind wir „antriebsarm", depressiv, krank.

Unser Wille: *das sind wir selbst.* Hinter unserem Willen steht alles, was wir sind, unser Charakter und unsere Erfahrungen, unsere Emotionen und Obsessionen, unsere Hoffnungen und Träume, Ängste und Hemmungen, Meinungen und Irrtümer, und nicht zuletzt die Intelligenz, die uns zugeteilt ist - kurz: der ganze Mensch.

Ein *freier* Wille wäre ein Wille, der sich von unseren spezifischen Eigenschaften, Bedürfnissen, Überzeugungen usw. gelöst hätte - damit aber auch von uns selbst. Ein freier Wille wäre nicht mehr *unser* Wille. Darüber zu bestimmen, was wir wollen, hieße nichts anderes, als darüber zu bestimmen, wer wir sind. Die Freiheit des Willens wäre die Freiheit von uns selbst.

A. Schopenhauer bringt es auch hier auf den Punkt: „Des Menschen Wille ist sein eigentliches Selbst, der wahre Kern seines Wesens. Denn er selbst ist, wie er will, und er will, wie er ist. Daher ihn fragen, ob er auch anders wollen könnte, als er will, heißt ihn fragen, ob er auch wohl ein anderer sein könnte als er selbst." [5]

Hier liegt der zweite innere Widerspruch der Willensfreiheit. Um frei zu sein, muss sich der Wille von unserem Ich trennen. Der Wille folgt dann nicht mehr den Eigenschaften und Forderungen unseres Ich, sondern sich selbst. Er ist jetzt eine frei flottierende Kraft, von aller Erdenschwere entbunden, und seine Wege sind so unerforschlich wie die Wege des Herrn. Auch hier grüßt von Ferne unser ebenfalls frei schwebender Baron mit dem Zopf.

Nun kommt die Trennung des Willens vom Ich sogar tatsächlich vor. Aber diese Trennung führt nicht in die Freiheit, sondern in die Psychiatrie. Sie ist das Grundmuster der psychotischen Persönlichkeit. Psychosen und Zwangsneurosen sind im Kern *Ich-Spaltungen*: die Einheit von Ich und Wille ist zerbrochen. Der Wille hat sich vom Ich gelöst und geht jetzt seine eigenen, oft recht sonderbaren Wege. Der Wille der *Schizophrenen* ist gewissermaßen externalisiert. Sie fühlen sich von fremden Mächten beherrscht und hören Stimmen, die ihnen sagen, was sie tun sollen. Auch *Zwangsneurotiker* werden von einem unbekannten Willen gelenkt. Sie haben nicht die geringste Ahnung, warum sie ihre Zwangshandlungen ausführen - beispielsweise aufwendige Kontroll- oder Waschrituale. Sie wissen nur: tun sie es nicht, werden sie von ebenso unverständlichen Ängsten überflutet. Die sogenannten *multiplen Persönlichkeiten* haben ihr Ich zertrümmert, in mehrere Ichs aufgesplittert, und diese Ichs wollen oft ganz verschiedene Sachen. Den *Depressiven* ist der Wille vollends abhanden gekommen. Sie sind jetzt, allein zurückgeblieben, nicht mehr recht lebensfähig. Sie haben den Grund ihres Daseins, geradezu ihre Existenzberechtigung verloren. Das wunschlose Unglück ist das schlimmste.

Das sind abschreckende Perspektiven. Kehren wir lieber wieder zu unserem intakten, ungeteilten Ich zurück. Die Einheit von Ich und Wille bedeutet, praktisch und konkret gesprochen: *der Wille folgt dem Interesse.* Es ist nicht denkbar, dass wir etwas anderes wollen können als das, was in unserem Interesse liegt. Unser Interesse ist unser einzig möglicher Standpunkt. Von diesem Standpunkt aus betrachten wir die ganze Welt, und von diesem Standpunkt aus treffen wir unsere Entscheidungen. Die Frage ist nicht ganz abwegig, ob nicht sogar ein *freier* Wille am Ende für unsere Interessen plädieren würde? Was könnte er Klügeres tun?

Aber was *sind* unsere Interessen? Hier beginnen die Schwierigkeiten. Die Erfahrung zeigt, dass wir uns nicht nur von unseren vernünftigen, wohlverstandenen Interessen leiten lassen - die Welt wäre sonst ein sehr viel angenehmerer Aufenthaltsort. Offenbar fällt es uns nicht ganz leicht, unsere eigenen Interessen zu erkennen. Wie ist das möglich? Wozu haben wir unseren Kopf? Das ist eine gute Frage, aber lassen wir es vorläufig dabei bewenden. Unser Interesse ist immer nur das, was wir für unser Interesse halten. Ob wir dabei auch immer gut beraten sind - das ist wieder eine andere Geschichte. Davon wird noch die Rede sein.

Unser Interesse ist auch keineswegs auf das unmittelbare, „egoistische" Interesse beschränkt. Unser Interesse kann durchaus altruistische, selbstlose, geradezu opferbereite Züge annehmen. Für die Uneigennützigkeit gibt es handfeste Gründe wie Liebe, Freundschaft,

Loyalität, Hochherzigkeit, Mitmenschlichkeit und ähnliche schöne Dinge. Auch der Wunsch, die Welt zu verbessern, hat schon manche selbstlose Tat hervorgebracht. Nicht wenige haben sogar schon für eine bloße Idee ihr Leben eingesetzt.

Die natürlichste Quelle altruistischen Verhaltens ist wohl das Mitgefühl, die Empathie - diese rätselhafte Fähigkeit des Menschen, sich mit anderen Menschen zu identifizieren, sich in sie hinein zu versetzen, mit ihnen zu fühlen, sogar mit ihnen zu leiden. Die Schranke zwischen Ich und Nicht-Ich ist für einen Augenblick aufgehoben. Dieses phantastische Phänomen hat A. Schopenhauer scharfsinnig beschrieben und als Ursprung aller Moral und Mitmenschlichkeit ausgemacht. [6] Inzwischen hat die Hirnforschung sogar eine physiologische Grundlage für diese Einfühlungsfähigkeit gefunden, die sogenannten Spiegelneuronen. A. Schopenhauer musste sich hier noch mit metaphysischen Erklärungen behelfen.

Und dann ist da noch das *Gewissen*. Aber mit dem Gewissen geht es so, wie mit den meisten anderen Dingen auch: man hat es oder man hat es nicht. Das Wort „gewissenlos" ist kein leeres Wort.

Auch ist die Stimme des Gewissens nur *eine* Stimme im Durcheinander unserer Motive und Interessen. Mit welcher Autorität diese Stimme zu uns spricht, steht nicht in unserer Macht. Oft ist sie gerade laut genug, um Reue hervorzurufen - die so genannten „Gewissensbisse". Und selbst dann ist noch nicht ausgemacht, ob die Reue wirklich aus dem Gewissen kommt oder nur aus der Furcht vor den Folgen.

Was das Gewissen tatsächlich ist, das weiß so recht niemand. Genauer gesagt: jeder weiß etwas anderes. Man frage nur einen Philosophen, einen Psychologen und womöglich auch noch einen Theologen, damit die metaphysischen Dimensionen des Phänomens nicht zu kurz kommen.

Allem Anschein nach ist das Gewissen das Produkt einer gelungenen Sozialisation. Es wurden rechtzeitig Grenzen gesetzt. Es wurde die Fähigkeit geweckt, auch andere Interessen wahrzunehmen und zu respektieren. In unserem Kopf wurde eine Instanz eingerichtet, die uns Schwierigkeiten macht, wenn wir uns allzu sehr gegen die allgemein geltenden Normen versündigen wollen. Das Gewissen ist eine Verinnerlichung gesellschaftlicher Ansprüche - also etwa das, was die Psychoanalyse mit dem Begriff *Über-Ich* bezeichnet. Dass wir eine fertige Moral schon mit auf die Welt gebracht haben könnten, ist dagegen eher unwahrscheinlich. Wie sollte diese Moral aussehen? Sie käme aus dem Nichts.

Daraus folgt, dass es die Gesellschaft selbst ist, die über die Inhalte des Gewissens bestimmt. Daraus folgt aber auch, dass das Gewissen, wie die Gesellschaft selbst, allen möglichen Vorurteilen, Ressentiments und Idiosynkrasien ausgesetzt ist. Es gibt keine Wahnsinnstat, die sich nicht schon auf das Gewissen berufen hätte. Und wer sollte es sein, der zwischen dem „wahren" und dem „irregeleiteten" Gewissen unterscheiden könnte? Ist das Gewissen überprüfbar? Und nach welchen Maßstäben? Wo steht geschrieben, dass man für eine politische Idee nicht über Leichen gehen darf? Oder für einen Glauben? Kann nicht der Zweck die

Mittel heiligen? Das ist ein Grundsatz, den sich das Gewissen schon oft genug zu eigen gemacht hat. Deshalb konnte diese schöne Maxime in der Geschichte auch eine so tragende Rolle spielen - und eine tragische Rolle obendrein. Denn am Ende ist es meist ganz anders gekommen: die Mittel haben den Zweck in den Schmutz gezogen. Auf das Gewissen ist, kurz gesagt, kein rechter Verlass.

Was ist eine Entscheidung?

Eine Entscheidung setzt immer mehrere Möglichkeiten voraus. Werden wir nur von einem Motiv, einem Interesse, einem Willensimpuls angetrieben, muss keine Entscheidung mehr getroffen werden. Die Frage nach einer *freien* Entscheidung stellt sich gar nicht erst.

Der Kampfplatz der Willensfreiheit ist dort, wo unterschiedliche oder gar kontroverse Motive aufeinandertreffen. In unserem Kopf ist Platz für viele Widersprüche. Wir wollen das eine, aber das andere nicht lassen, wir werden hin und her gerissen, wir erleben es jeden Tag. Unser Gefühl treibt uns in die eine Richtung, unser Verstand in eine andere. Die Pflicht hält uns fest, die Neigung will uns fortreißen. „Zwei Seelen wohnen, ach, in meiner Brust" lässt Goethe seinen Faust sagen. Nach der psychoanalytischen Auffassung sind es bereits drei seelische Instanzen, mit denen wir es zu tun haben und deren Machtkämpfe uns schwer zu schaffen machen können. Die Konflikte zwischen unseren eigenen Motiven machen einen großen Teil unserer psychischen Dynamik aus - sogar den Grund für psychische

Erkrankungen, wenn diese Konflikte allzu heftig ausgetragen werden müssen.

Bevor eine Entscheidung getroffen werden kann, sind oft langwierige Reflexionen, scharfe Kontroversen, schwere „innere Kämpfe" nötig, um die Machtverhältnisse zu klären. Manchmal leisten gewisse Motive, die ins Hintertreffen zu geraten drohen, Widerstand. Manchmal gelingt es ihnen, Hilfstruppen anzuwerben und am Ende doch noch die Oberhand zu gewinnen - oder auch nicht, je nachdem. Es ist, wie gesagt, eine Machtfrage. Manchmal sind Gewissen oder Mitgefühl zur Stelle, um gegen bestimmte Absichten Einspruch zu erheben. Manchmal mischt sich die Vernunft ein, warnt vor übereilten Schritten und rät zu einer genaueren Überprüfung der Lage.

Manchmal bleibt die Machtfrage für eine Weile unentschieden. Es entstehen Patt-Situationen, die mit dem Ausdruck „Ambivalenz" bezeichnet werden. Das geschieht, wenn wir widersprüchlichen, aber gleich starken Motiven ausgesetzt sind. Wir können uns dann nicht recht entscheiden. *Wir wissen nicht, was wir wollen.* Mit dieser Wendung ist die Sprache sehr scharfsinnig. Sie setzt den Willen als gegebene Größe voraus und koppelt ihn vom Bewusstsein ab. Sie verrät uns, dass zuerst das Wollen kommt, und dann erst das Wissen darüber. Aber früher oder später muss eine Entscheidung getroffen werden. Wir tun dann manches vielleicht nur „widerwillig" oder „mit halbem Herzen", aber wir tun es. Den Esel des Buridan, der zwischen zwei Heuhaufen verhungert, gibt es nur in der Fabel.

Die Machtverhältnisse sind auch keineswegs stabil, sie sind starken Schwankungen ausgesetzt. Dafür sorgen unsere Stimmungen. Von unseren Stimmungen hängt es ab, wie wir in die Welt hineinsehen und wie sie zurückschaut. Ohne, dass wir es merken, machen sie aus uns ganz verschiedene Menschen. In verschiedenen Stimmungen sind wir *tatsächlich* imstande, unter vergleichbaren Umständen einmal das eine, ein andermal etwas ganz anderes zu tun. Diese Sprunghaftigkeit suggeriert die Vorstellung freier Entscheidungen. Aber über unsere Stimmungen können wir so gut verfügen wie über den Wind.

Wir sind, mit einem Wort, aus vielen Stücken zusammengesetzt. Hinter unserem Willen stehen oft ganz unterschiedliche Motive, wenn er sich entscheiden soll. Wie macht er das? Wie wird die Wahl getroffen? Warum entscheiden wir uns für das eine und nicht für etwas anderes?

Man kann sich die Willensbildung in einem Kopf wie die Willensbildung in einem Parlament vorstellen. Auch in unserem Kopf werden Interessenkämpfe ausgefochten, auch hier wollen sich viele Stimmen Gehör verschaffen. Auch in unserem Kopf gibt es Parteien und Koalitionen, Verhandlungen und Kompromisse. Sogar von Bestechung will man schon gehört haben. Aber am Ende siegen, hier wie dort, immer die stärkeren Bataillone.

Für Machtkämpfe gilt das Naturgesetz, dem zufolge der Stärkere gewinnt. Das Recht des Stärkeren macht vor unserem Kopf nicht Halt. Es wird dort zum Recht des stärkeren Motivs. Streiten sich verschiedene Motive in einem Kopf, folgt der Kopf unfehlbar dem Motiv, das die größte Macht über ihn hat. Die Debatten in unserem Kopf-Parlament können noch so hitzig geführt werden - am Ende wird sich das stärkste Motiv durchsetzen, es liegt in der Natur der Sache. Anders gesagt: jede Willensentscheidung ist durch das stärkste Motiv kausal determiniert.

Hier liegt der dritte - und schärfste - innere Widerspruch der Willensfreiheit. Die Willensfreiheit ist die Freiheit von der Kausalität. Der freie Wille ist *durch nichts bedingt,* denn sonst wäre er nicht frei. Der freie Wille verursacht unsere Handlungen, ohne selbst auf irgendeine Weise verursacht zu sein. Wir können Wirkungen herstellen, die keine Ursachen haben. Mit einem Wort: wir können zaubern. Ein starkes Stück, bei Licht betrachtet. Ausgerechnet im menschlichen Kopf sollte das Gesetz außer Kraft treten, das das ganze Universum zusammenhält?

A. Schopenhauer hat auch hier schon das Nötige gesagt: „Unter Voraussetzung der Willensfreiheit wäre jede menschliche Handlung ein unerklärliches Wunder - eine Wirkung ohne Ursache. Und wenn man den Versuch wagt, ein solches *liberum arbitrium indifferentiae* (eine freie, durch nichts bedingte Willensentscheidung, G.K.) sich vorstellig zu machen, so wird man bald innewerden, dass dabei recht eigentlich der Verstand stillesteht: er hat keine Form, so etwas zu denken." [7]

Bei der Vorstellung eines frei über dem Kausalgesetz schwebenden Willens stellt sich unweigerlich wieder das Bild unseres Lügenbarons ein, wie er, an seinem Zopf hängend, sein Pferd zwischen die Schenkel geklemmt, schwerelos über dem Sumpf dahinschwebt. Es ist diese hinreißende, geradezu geringschätzige Nonchalance gegenüber der Notwendigkeit, die den besonderen Charme unseres Barons ausmacht.

Hier ist eine moderne Variante. Anfang der 1970er Jahre erschien ein Roman mit dem Titel „The Dice Man" (Der Würfler).[8] Der Held des Romans leidet darunter, seinen eigenen Antrieben ausgeliefert und in sich selbst gefangen zu sein. Er fühlt sich eingeengt und in seinen Möglichkeiten beschränkt. Kurz: er langweilt sich und hat auch sonst keine Sorgen. So beschließt er eines Tages, die Kausalität außer Kraft zu setzen. Um die Determiniertheit seines Willens aufzuheben, trifft er keine Entscheidungen mehr, sondern er würfelt. Jede Handlungsmöglichkeit, die in seinem Kopf auftaucht, erhält eine Zahl. Unser Held kommt damit, wie man sich denken kann, nicht nur in Teufels Küche, er beweist auch nichts. Er hat nur anstelle seines Willens ein anderes Determinationssystem in Gang gesetzt: den „Zufall". Genauer gesagt: die mechanischen Gesetze, die den Würfel lenken. Man kann machen, was man will, der Kausalität entkommt man nicht.

Nun hat die Kausalität ihren Eindruck auf die Willensfreiheit ja auch keineswegs verfehlt. Man kann sogar sagen, dass die Willensfreiheit ziemlich kleinlaut und unentschlossen daherkommt. Sie behauptet gar nicht, jedermann könne jederzeit jede x-beliebige Entscheidung treffen. Will sie mit der Wirklichkeit nicht allzu hart zusammenstoßen, muss sie von gewissen Einschränkungen unserer Freiheit Notiz nehmen. Das sind die individuellen, unüberwindlichen Grenzen, die uns durch unsere Natur, durch Charakter, Temperament, Intelligenz usw. gesetzt sind. Aber wie viel Freiheit bleibt innerhalb dieser Grenzen überhaupt noch für uns übrig? Wie weit gehorchen wir nur den unabänderlichen Gesetzen unserer Natur, und wo beginnt das Reich der Freiheit? Auf solche Fragen hat die Willensfreiheit keine Antwort. Wir müssen uns hier mit Redensarten zufrieden geben, etwa nach dem Motto: Wir können zwar nicht aus unserer Haut, aber ein *bißchen* frei sind wir schon. Aber wie viel ist ein bißchen? Und warum auf halbem Wege stehen bleiben? Unterliegen wir unseren spezifischen Eigenschaften und Bedingtheiten nur halb? Ist es nicht wahrscheinlicher, dass wir diese Bedingtheiten nur halb verstehen? Oder dass wir sie vielleicht nur halb verstehen wollen? Dass sich unsere Freiheit, kennen wir unsere Eigenschaften, Möglichkeiten und Grenzen nur *gut genug,* am Ende auf null reduziert?

Das alles wissen wir, gewissermaßen instinktiv, im Grunde sehr genau. Der beste Teil unserer Lebensklugheit ist die Menschenkenntnis. Die Menschenkenntnis geht, wie die Psychologie, von der Voraussetzung aus, dass menschliches Handeln bestimmten Gesetzmäßigkeiten folgt und also kalkulierbar ist. Daher kommen Wendungen wie: „das ist typisch für ihn", „das sieht ihm ähnlich", „zuzutrauen wäre es ihm", oder auch: „das ist nicht seine Art", „dazu ist er nicht fähig" usw. Je besser wir einen Menschen kennen, desto besser können wir absehen, was er unter bestimmten Umständen tun wird. Im Lauf der Zeit lernen wir, die Motive zu verstehen, die ihn in Bewegung setzen - manchmal sogar besser, als er selbst. Stehen wir vor der

Frage, *warum* er etwas Bestimmtes getan hat, dann geben wir uns mit der Antwort: „weil er es eben gewollt hat" nicht zufrieden. Mit der Freiheit können wir hier nichts anfangen. Wir wollen die *Gründe* wissen, denn wir wissen sehr genau, dass nichts geschieht ohne einen hinreichenden Grund. Wir denken in den Kategorien von Ursache und Wirkung, unsere Logik hat sich den Naturgesetzen angepasst.

Vor dieser Logik hat man sich immer wieder mit der Behauptung in Sicherheit bringen wollen, *Gründe* seien etwas prinzipiell anderes als *Ursachen*. Das sind Spitzfindigkeiten. Zwischen einem zureichenden Grund und einer Entscheidung besteht der gleiche kausale Zusammenhang wie zwischen Ursache und Wirkung. Gründe sind nur schwerer zu erkennen als Ursachen, denn sie sind in unserem Kopf versteckt. Oft genug verstehen wir nicht einmal unsere eigenen Gründe.

Der Philosoph T. Hobbes hat die kausale Verknüpfung von Ursache und Wirkung auf eine klassische Formel gebracht: „Als eine *zureichende* Ursache sehe ich *die* an, welcher nichts abgeht von dem, was zur Hervorbringung der Wirkung nötig ist. Eine solche aber ist zugleich eine *notwendige* Ursache. Denn wenn es möglich wäre, dass eine zureichende Ursache ihre Wirkung nicht hervorbrächte, so müsste ihr etwas zur Hervorbringung dieser Nötiges gefehlt haben: dann aber war die Ursache nicht zureichend. Wenn es aber unmöglich ist, dass eine zureichende Ursache ihre Wirkung nicht hervorbringt, dann ist eine zureichende Ursache auch eine *notwendige* Ursache. Hieraus folgt, dass alles, was hervorgebracht wird, *notwendig* hervorgebracht wird. Denn alles, was hervorgebracht ist, hat eine *zureichende* Ursache gehabt, die es hervorbrachte, sonst wäre es nicht entstanden. Folglich geschehen auch alle *willkürlichen* Handlungen mit Notwendigkeit." [9]

Die Kausalität folgt uns sogar bis in die Fiktion. Fiktive Figuren, z. B. Roman- oder Filmfiguren, sind nur glaubhaft, wenn sie schlüssig motiviert sind. Ihre Handlungen müssen psycho*logisch* zwingend aus ihrem Charakter folgen. Passen Charakter und Handlungen nicht zusammen, können wir mit den Figuren nichts mehr anfangen, sie bleiben uns fremd und unverständlich. Und haben wir erst einmal das Interesse an den Figuren verloren, haben wir auch kein Interesse mehr an der Geschichte. Die guten Schriftsteller wissen das. Sie erfinden wirkliche Figuren aus Fleisch und Blut. Die Figuren folgen dann ihren eigenen Gesetzen und machen so ihre Geschichte selbst - wie im richtigen Leben auch. Die schlechten Schriftsteller machen es umgekehrt. Sie erfinden zuerst eine Geschichte und stopfen dann die Figuren hinein. Die Figuren rächen sich für diese Missachtung und sind jetzt aus Pappmaché.

Auch jede gute Dramaturgie beruht auf der unbedingten Gesetzmäßigkeit der handelnden Figuren. Erst durch den Zusammenstoß konsequenter, unverrückbarer Charaktere kann ein wirkliches Drama entstehen. Erst daraus folgt, dass der Konflikt unauflösbar ist und nur ein tragisches Ende nehmen kann. Man hat das Wesen des Tragischen mit der Unentrinnbarkeit des „Schicksals" beschrieben. Aber das Schicksal ist nur eine Metapher für die Unentrinnbarkeit des Charakters. Das Grundgesetz jeder Tragödie ist strengster Determinismus. Hier wird die zwingende Kraft der Kausalität anschaulich, ihre Mechanik wird sichtbar. Darin besteht der ästhetische Lustgewinn. Die Griechen nannten diesen Lustgewinn *Furcht und Mitleid*. Furcht vor der Unerbittlichkeit des Schicksals - und Mitleid mit denen, die dieser Unerbittlichkeit ausgeliefert sind und ihr am Ende zum Opfer fallen.

III. Willensfreiheit und Reflexion

Wenn es wahr ist, dass das stärkste Motiv unsere Entscheidungen bestimmt: hat hier nicht unser Intellekt noch ein Wort mitzureden? Können wir nicht unseren Willen reflektieren und auf diese Weise Einfluss auf ihn nehmen? Sind wir nicht imstande, Gründe und Gegengründe unserer Entscheidungen sorgfältig zu überdenken und gegeneinander abzuwägen? Können wir nicht unsere Vernunft, unsere Erfahrung, unsere Lebensklugheit in die Waagschale werfen und die Machtverhältnisse verändern? Wäre hier nicht eine Einbruchstelle für Freiheit?

Zum Beispiel sagt uns unsere soziale Intelligenz, dass wir gesellschaftliche Wesen sind und es daher in unserem Interesse liegt, auch *andere* Interessen zu respektieren und zu ihrem Recht kommen zu lassen. Das gibt uns zu denken. Die Reflexion macht es uns möglich, die Interessenkonflikte mit unserer Umwelt in unserem Kopf fortzuführen. Dort hat unsere Umwelt bereits starke Repräsentanzen: Angst vor Liebesentzug, vor Ansehensverlust, vor Bestrafung - aber auch, wie schon gesagt, Mitgefühl, Moral, Gewissen usw. So können zwischen unseren „egoistischen" Motiven und den Forderungen unserer Umwelt komplizierte Interessenabwägungen in unserem Kopf stattfinden - oder auch nicht, je nachdem. Es gibt nur einen dummen und einen intelligenten Egoismus, das ist der ganze Unterschied. Aber auf diesen Unterschied kommt es an. Ein dummer Egoismus liegt nicht in unserem Interesse, denn wir schaden uns damit am Ende meist nur selbst.

Hier hat unsere soziale Intelligenz ein weites Betätigungsfeld.

Unsere *kritische* Intelligenz kann uns dabei helfen, unsere eigenen Interessen von den uns nur aufgeschwatzten Interessen zu unterscheiden. Meinungsmacher und Marktschreier wollen uns von unseren Interessen ablenken. Sie wollen unsere Meinungen beherrschen, unsere Bedürfnisse lenken, sogar ganz neue Bedürfnisse schaffen - kurz: sie wollen uns das Denken abnehmen. Die sogenannte Bewusstseinsindustrie beliefert uns mit falschem Bewusstsein; sie spiegelt uns eine Wirklichkeit vor, die es gar nicht gibt. Die Unterhaltungsindustrie versetzt uns in die idiotischsten virtuellen Welten, der Eskapismus wird zu einer Lebensform. Die Kaufleute verkaufen uns keine Gebrauchsgegenstände mehr, sondern Statussymbole. Der Konsum wird zum *Lifestyle*. Shop till you drop. - Je rationaler wir denken können, desto besser können wir unsere eigenen Interessen erkennen, desto weniger sind wir „fremdbestimmt", Spielball fremder Interessen, nützliche Idioten.

Unsere kritische Intelligenz kann sich auch gegen Ideologien aller Art zur Wehr setzen. Ideologien sind dazu da, uns das Denken vollends abzugewöhnen. Die Anziehungskraft von Ideologien liegt darin, dass sie uns die ganze Welt aus einem einzigen Punkt heraus erklären. Das macht die Dinge überschaubar. Alles wird plötzlich einfach, verständlich und klar. Alles erhält Sinn und Bedeutung, auch für die einfacheren Geister. K. Marx hat Ideologien sehr zu Recht als „falsches Bewusstsein" bezeichnet, nämlich als ein Bewusstsein, das nicht unseren Interessen entspricht.

Aber am Ende war der Marxismus selbst nur eine Ideologie, er wollte uns die ganze Welt aus den Produktionsverhältnissen erklären.

Kurz gesagt: unser Intellekt hat die Aufgabe, sich in der Wirklichkeit zu orientieren und unsere Interessen herauszufinden. Die Frage ist nur: was *sind* unsere Interessen? Wo liegen unsere wahren, *wohlverstandenen* Interessen? Wie können wir sie von den nur scheinbaren, eingebildeten, irregeleiteten Interessen unterscheiden? Unsere eigenen Interessen zu verstehen ist oft schwerer, als man glauben möchte. Wir unterliegen hier leicht allen möglichen Fehleinschätzungen, Täuschungen und Selbsttäuschungen. Besonders die Selbsttäuschungen machen uns schwer zu schaffen. Wie oft fallen wir nicht dem Wunschdenken zum Opfer? Oder der Kurzsichtigkeit unseres Denkens? Oder unserer Leichtgläubigkeit? Oder, um es rundheraus zu sagen, unserer Dummheit? Auch Eitelkeit und Geltungssucht können uns hier die übelsten Streiche spielen.

In diesem unübersichtlichen Gelände kann der Intellekt den Willen ein Stück weit begleiten und reflektieren. Im besten Fall ist er ein ehrlicher Makler zwischen unseren Motiven und Interessen. Er kann unseren Willen kritisieren, er kann ihm Vorhaltungen machen, ihm ins Gewissen reden, sich ihm sogar entgegenstellen. Unser Intellekt kann uns geradezu vor uns selbst schützen. Er kann dafür sorgen, dass wir den Boden der Tatsachen nicht unter den Füßen verlieren und uns von Illusionen und anderen Selbstbetrügereien fernhalten. Er kann uns die längerfristigen Konsequenzen unserer Absichten vor Augen führen. Er kann für eine vernünftige Kosten-Nutzen-Rechnung plädieren. Er kann Handlungsoptionen empfehlen und Kompromisslösungen vorschlagen.

Die Reflexion kann sogar dazu führen, dass wir uns *verändern*. Wir können aus Erfahrungen lernen, aus Schaden klug werden. Haben wir einmal verstanden, dass das, was wir tun, nicht in unserem Interesse liegt, ist es möglich, unser Verhalten zu ändern - sofern sich nicht stärkere, irrationale Kräfte entgegenstellen, die jeden Lernprozess kategorisch ablehnen.

Leider kann sich der Intellekt gegenüber dem Willen nicht immer den gehörigen Respekt verschaffen. Oft genug ist der Intellekt nur ein Winkeladvokat, der sich für jede Dummheit ins Zeug legt, die der Wille ausgeheckt hat. Schlimmer noch: manchmal kommt sich unser Winkeladvokat besonders schlau vor und stiftet den Willen zu irgendwelchen windigen Unternehmungen geradezu an, wie das bei richtigen Advokaten auch gelegentlich vorkommt. Wie viel Scharfsinn wird dann nicht für den idiotischsten Standpunkt aufgeboten! Wie geschickt werden dann nicht die Tatsachen zurechtgebogen und die Denkgesetze außer Kraft gesetzt! Der Intellekt dient jetzt nicht mehr der Klärung, sondern der Verwirrung. „Die Vernunft ist ein so geschmeidiges Werkzeug, dass sie sich zu allem gebrauchen lässt" (Montaigne). Manchmal ist der Kopf nur eine Anhangsdrüse des Bauchs und der darunter befindlichen Teile.

Kommen wir auf unsere eigentliche Fragestellung zurück. Unser Intellekt kann auf vielerlei Weise Einfluss auf unseren Willen nehmen, manchmal ist er ein guter Ratgeber, manchmal führt er uns auf Abwege. Von *Freiheit* kann aber deswegen noch keine Rede sein. Die Kraft unserer Intelligenz haben wir uns nicht ausgesucht, auch sie ist nur eine feste Größe im Koordinatensystem unserer Willensbildung. Wohin unser Denken uns führt ist keine Frage der Freiheit, sondern eine Frage unserer intellektuellen Möglichkeiten und Grenzen. Jeder denkt, so gut er kann.

Im besten Falle verhilft uns das rationale, abwägende Denken dazu, unsere Interessen zu verstehen. Aber auch die Einsicht in unsere Interessen führt uns nicht in die Freiheit, sondern, im Gegenteil, zu uns selbst. Wenn wir unsere Interessen kennen, wissen wir, was wir wollen, und wenn wir wissen, was wir wollen, wissen wir, wer wir sind.

Die strikte Unterscheidung zwischen Denken und Wollen ist ohnehin nur eine nützliche Abstraktion. Auch hier sind die Grenzen fließend. Das Denken ist ja immer *unser* Denken und von unseren Bedürfnissen und Wünschen nicht recht zu trennen. Wo hört das Wollen auf, wo fängt das Denken an? Das Wort „Wunschdenken" macht deutlich, wie weit das Denken sich dem Wollen ausliefern und die Wirklichkeit dabei aus den Augen verlieren kann. Auch mit dem *Glauben* feiert der Wille seine größten Triumphe über das Denken.

IV. Willensfreiheit und Psychoanalyse

Jede Psychologie ist ein Angriff auf die Willensfreiheit. Wenn die Psychologie unserem seelisch-geistigen Apparat mit wissenschaftlichen Methoden auf die Spur kommen will, muss sie sich auf den Boden der Kausalität stellen. Nur unter der Voraussetzung der Gesetzmäßigkeit psychischer Vorgänge lassen sich diese Vorgänge überhaupt verstehen. Die Kausalität ist die Sprache, mit der die Natur zu uns spricht. Ohne die kausale Bedingtheit des Seelenlebens hätte die Psychologie jeden Sinn verloren. Es gäbe nichts mehr, woran sie sich halten könnte. Die menschliche Natur müsste ihr ein ewiges, undurchdringliches Rätsel bleiben.

Der Psychologe W. Prinz hat es so formuliert: „Die Idee eines freien menschlichen Willens ist mit wissenschaftlichen Überlegungen prinzipiell nicht zu vereinbaren. Wissenschaft geht davon aus, dass alles, was geschieht, seine Ursachen hat, und dass man diese Ursachen finden kann. Für mich ist unverständlich, dass jemand, der empirische Wissenschaft betreibt, glauben kann, dass freies, also nicht determiniertes Handeln denkbar ist." [10]

Das war auch schon die Meinung eines großen Psychologen zu Beginn des 19. Jahrhunderts, ganz am Anfang dieser neuen Wissenschaft, J. F. Herbart: „Die Gesetzmäßigkeit im Seelenleben gleicht vollkommen der am Sternenhimmel." [11]

Man kann Herbart als Begründer der modernen Psychologie bezeichnen. Er hat die Auffassung von der Seele auf eine ganz neue Grundlage gestellt. Zum ersten Mal wird die Seele nicht nur als eine besonders komplizierte Registriermaschine begriffen, sondern als dynamisches Kraftfeld, als *Kampfplatz kontroverser Antriebe*. In diesen Konflikten setzen sich die stärkeren Antriebe durch, die unterlegenen werden aus dem Bewusstsein abgedrängt. Der Begriff des Unbewussten taucht hier, wenn auch noch ganz unscharf, zum ersten Mal in der wissenschaftlichen Literatur auf. Was die abgedrängten Antriebe aber außerhalb des Bewusstseins anstellen und in welcher Form sie dort wieder auftauchen, bleibt noch unerklärt.

Erst gegen Ende des Jahrhunderts sollte S. Freud diesen Gedanken wieder aufgreifen und zu Ende denken. Die Psychoanalyse hat den Kampfplatz der seelischen Konflikte auf das Unterbewusste ausgeweitet. Sie hat die Dynamik des Seelenlebens als Kampf mit sich selbst beschrieben, das heißt als Kampf unterschiedlicher und zum Teil unbewusster seelischer Instanzen gegen einander. Das Bild vom Parlament für unsere Willensbildung ist zwar zutreffend, aber nicht vollständig. Es handelt sich nicht immer um ein geordnetes Staatswesen, in dem die Interessen öffentlich und rational diskutiert werden können. Vielmehr gibt es Untergrundorganisationen, die ihre eigenen Ziele verfolgen und vor terroristischen Methoden nicht zurückschrecken. Das sind die Motive, die im Lauf der Konflikte der Zensur zum Opfer gefallen und aus dem Bewusstsein vertrieben worden sind. Die Psychoanalyse will diese Untergrundorganisationen aufspüren; erst dann können die Konflikte bei Tageslicht erörtert und womöglich auf dem Verhandlungswege gelöst werden. In der Sprache Freuds: „Die Psychoanalyse ist ein

Werkzeug, welches dem Ich die fortschreitende Erobe-rung des Es ermöglichen soll." [12] Unsere unbewussten Antriebe sollen in die Sphäre des Bewusstseins geho-ben werden. Wir sollen wissen, was wir tun. Das Ziel der Psychoanalyse ist Selbstbestimmung, Abschaffung der Zensur. Nur so können wir wirkliche *Entscheidun-gen* treffen - zwar nicht „frei", aber wenigstens bei vollem Bewusstsein.

Die Entdeckung des Unbewussten hat der Willens-freiheit ein weiteres Problem eingetragen. Eine Ent-scheidung setzt voraus, dass die Entscheidungsgründe bekannt sind. Ein Entscheidungsprozess ist immer ein Abwägungsprozess - und eine Abwägung erfordert die Kenntnis aller abzuwägenden Umstände, hier also die Kenntnis unserer Motive. Die Psychoanalyse hat uns darüber belehrt, dass diese Voraussetzung eine Illusion ist. Unser Wille kann von Motiven bewegt werden, von denen wir gar nichts wissen. Über Motive, die man nicht kennt, kann man aber nicht disponieren. Es ist eine Rechnung mit mehreren Unbekannten.

In den Schriften Freuds wird man eine Auseinan-dersetzung mit der Willensfreiheit vergeblich suchen. Für Freud war der psychische Determinismus so selbstverständlich wie die Schwerkraft, sein ganzes Gebäude ist darauf aufgebaut. Darüber war kein Wort mehr zu verlieren. Umso deutlicher hat sich der Psy-choanalytiker E. Fromm ausgesprochen: „Der Mensch, der auf seine Freiheit zu denken und sich für etwas zu entscheiden so stolz ist, ist in Wirklichkeit nur eine Marionette, die an Schnüren hängt, welche von Kräften gelenkt werden, von denen sein Bewusstsein nichts weiß." [13] Schon 300 Jahre früher hatte der Philosoph

Spinoza den gleichen Gedanken: „So ist es auch mit jener menschlichen Freiheit, die zu haben alle sich rühmen und die nur darin besteht, dass die Menschen sich nur ihres Wollens bewusst sind und die Ursachen, durch die sie bestimmt werden, nicht kennen." [14] Am schönsten hat es Pascal gesagt, eine andere Stimme aus dem 17. Jahrhundert: „Das Herz hat seine Gründe, von denen der Verstand nichts weiß."

Die Dinge liegen aber noch etwas komplizierter. Denn unser Bewusstsein sträubt sich dagegen, dass wir etwas wollen, aber nicht wissen, warum. Unserem Bewusstsein ist die Vorstellung, dass etwas ohne Motiv geschieht, nicht möglich. Es hat gelernt, das Gesetz von Ursache und Wirkung zu respektieren. Der Wille steht daher immer unter Legitimationszwang, er muss *Gründe* vorweisen können. Aus dieser Schwierigkeit ziehen wir uns auf denkbar einfachste Weise: wir schieben unseren Handlungen Motive unter, die es gar nicht gibt. Unsere unbewussten Motive werden mit pseudo-rationalen Scheingründen ausgestattet. Das sind die sogenannten „Rationalisierungen". Es versteht sich, dass die erfundenen Motive schmeichelhafter für uns sind als die wirklichen - das ist geradezu der Sinn der Sache. Die wirklichen Motive sind ja womöglich mit guten Gründen der Zensur zum Opfer gefallen. Ein Großteil der psychoanalytischen Arbeit besteht oft darin, diese Rationalisierungen erst einmal aufzudecken und die wahren Motive ans Licht zu bringen.

Unter der Voraussetzung der Willensfreiheit hätte man die Psychoanalyse und all die anderen therapeutischen Methoden und Techniken nicht erfinden müssen. Die aufwendigen und langwierigen therapeutischen

Bemühungen wären schlicht überflüssig. Es würde genügen, zu sagen: Jetzt reiß dich gefälligst ein bißchen zusammen! Mit deinem freien Willen wirst du es ja wohl noch schaffen, deine eigenen Probleme auch eigenständig und zufriedenstellend zu lösen! Was sollen überhaupt diese lächerlichen Symptome? Warum wirfst du sie nicht einfach ab? Wenn du es willst, kannst du es auch - wozu bist du schließlich frei? Besteht nicht deine Freiheit darin, wollen zu können, was du willst?

Die Schwierigkeit liegt natürlich darin, dass man es gar nicht wirklich will. Man braucht professionelle Hilfe, um es wollen zu können. Erst müssen die Voraussetzungen dafür geschaffen werden, dass man es wollen kann. Erst muss eine Veränderung des Bewusstseins stattfinden, bevor auch eine Änderung des Willens möglich ist. Jede Psychotherapie ist ein Beweis für die Determiniertheit des Seelenlebens, jeder Neurotiker eine wandelnde Widerlegung der Willensfreiheit.

Den Einwand, hier handele es sich um pathologische Fälle, lässt die Psychoanalyse nicht gelten. Sie macht keinen prinzipiellen Unterschied zwischen „Neurotikern" und psychisch „Gesunden". Die Grenzen sind nicht einmal fließend, es gibt sie gar nicht. Einen gänzlich un-neurotischen Menschen wird man lange suchen müssen. Die Psychoanalyse hat es nicht nur mit den spektakulären Symptomen zu tun, also mit den Depressionen, Zwängen, Phobien usw., sondern auch mit Verhaltensstörungen und Lebensschwierigkeiten aller Art. Es können emotionale Fehlentwicklungen bearbeitet, Gefühls- und Denkblockaden gelockert, Kommunikationsprobleme reflektiert, „Lebenslügen" aufgedeckt, alte Rechnungen beglichen werden. Es gibt Familientherapien, Partnerschaftstherapien, Gruppentherapien. Alle diese analytischen Anstrengungen haben ein gemeinsames Ziel. Immer geht es um eine *Neu-Orientierung des Willens,* zu der er, allein auf sich selbst gestellt, nicht in der Lage ist.

Für die Psychoanalyse gibt es nur *eine* Form der Willensfreiheit: den Willen frei zu machen von allen unbewussten Ängsten und Zwängen, die ihn daran hindern, zu sich selbst zu kommen. Die einzige Freiheit, die wir haben können, ist die Freiheit, der zu sein, der wir sind.

V. Willensfreiheit und Hirnforschung

Freiheit und Millisekunden

Anfang der 1980er Jahre stellte sich ein amerikanischer Hirnforscher die anspruchsvolle Aufgabe, die Willensfreiheit neurologisch nachzuweisen. Zu seiner Überraschung wiesen die Ergebnisse seiner Experimente in genau die entgegengesetzte Richtung. Es stellte sich nämlich heraus, dass Willensimpulse im Gehirn bereits gemessen werden können, *bevor sie im Bewusstsein auftauchen.* Dass unser Gehirn seine Beschlüsse also schon fasst, bevor es uns davon Mitteilung macht. Diese verblüffende Entdeckung legte den Schluss nahe, dass unsere Willensentscheidungen vom Bewusstsein nicht produziert, sondern nur noch ratifiziert werden. Dass wir nicht tun, was wir wollen - sondern dass wir wollen, was wir tun. Dass unsere Freiheit am Ende nur eine Illusion ist, die uns das Bewusstsein vorspiegelt, um Herr des Geschehens zu bleiben.

Diese Schlussfolgerung ist selbstverständlich berechtigt. Aber um sie wirklich zu untermauern, waren diese Experimente, die als „Libet-Experimente" in die neuere Wissenschaftsgeschichte eingegangen sind, etwas zu simpel angelegt. Die Versuchspersonen erhielten den Auftrag, innerhalb eines bestimmten Zeitraums spontane Handbewegungen auszuführen. Der Handlungsimpuls im Gehirn wurde jeweils neurologisch gemessen. Den Zeitpunkt ihres bewussten Handlungsentschlusses hatten die Versuchspersonen auf einer eigens dafür konstruierten, besonders schnellen Uhr abzulesen. Auf diese Weise wurde zwischen dem Handlungsimpuls und der bewussten Entscheidung eine Differenz von ca. 500 Millisekunden festgestellt. [15]

Viel ist - mit Recht - gegen die Ungenauigkeit dieser Messungen vorgebracht worden. Aber darauf kommt es gar nicht an. Das Experiment greift um einiges zu kurz. Die Versuchspersonen hatten überhaupt keine Entscheidungen zu treffen. Sie mussten nur vorgegebene, bereits fertige Willensäußerungen seriell abrufen. Die einzige Freiheit, die sie hatten, bestand in der Wahl des Zeitpunkts.

Die Primitivität des Experiments liegt in der Natur der Sache. Die Hirnforschung kann nur die Aktivität unserer Nervenzellen messen, in diesem Fall also einen bestimmten Willensimpuls. Zu dem dahinter liegenden System unserer Motivationen und Reflexionen hat sie keinen Zugang. Unsere Bedürfnisse und Neigungen, Wünsche und Hoffnungen, Meinungen und Irrtümer sind nicht messbar. Die Libet-Experimente konnten die Frage nach der Freiheit des Willens nicht einmal stellen, geschweige denn beantworten.

Diktatur der Neuronen?

Inzwischen ist die Hirnforschung auf dem Weg, die Frage der Willensfreiheit zwar nicht experimentell, aber prinzipiell zu beantworten.

Schon die Vorgängerin der Hirnforschung, die Hirnpathologie, hatte die Entdeckung gemacht, dass mit der Verletzung oder Zerstörung bestimmter Hirnpartien auch bestimmte geistige Funktionen beeinträchtigt oder stillgelegt werden können, etwa das Erinnerungsvermögen, die Wahrnehmungsfähigkeit, die Sprechfähigkeit usw. Im Jahre 1848 hatte ein aufsehenerregender Fall gezeigt, dass durch eine Hirnverletzung sogar die Fähigkeit zu sozialem Verhalten ausgeschaltet werden kann. Dass also auch unser moralisches Gefühl nicht über den Wassern schwebt, sondern eine physiologische Tatsache ist.

Das war der berühmte Fall des Phineas Gage, der in kaum einem Buch über die Hirnforschung unerwähnt bleibt. Dieser Phineas Gage war Vorarbeiter einer amerikanischen Eisenbahngesellschaft, dem bei Sprengarbeiten eine Eisenstange durch den Kopf geflogen war. Erstaunlicherweise überlebte er diese Verletzung nicht nur, er konnte sogar vollständig wiederhergestellt werden - bis auf eine wesentlichen Einschränkung, die sein Leben schließlich zerstören sollte. Er hatte jede Einfühlungsfähigkeit, jede Fähigkeit zur Rücksichtnahme, zu mitmenschlichem Verhalten verloren. Durch seine Hirnverletzung war Phineas Gage zum Soziopathen geworden. Heute weiß man, dass es sich um die Zerstörung des sogenannten orbitofrontalen Cortex gehandelt hat, der, grob gesprochen, für unsere soziale Intelligenz zuständig ist.

Die Anfänge der Hirnforschung reichen schon bis ins 19. Jahrhundert zurück, aber ihren Durchbruch hat sie erst in den letzten 30 Jahren erlebt. Das hat sie dem technischen Fortschritt zu verdanken. Neue bildgebende Verfahren (funktionelle Kernspintomographie, Positronen-Emissions-Tomographie etc.) machen es möglich, den Aufbau und die Funktionsbereiche unseres

Gehirns immer besser zu verstehen. Der Satz: „man kann nicht in einen anderen Kopf hineinsehen" trifft nicht mehr zu. Die Hirnforschung findet immer mehr heraus, wie unsere mentalen Prozesse - wahrnehmen, erinnern, reflektieren, fühlen, wollen usw. - mit bestimmten, genau lokalisierbaren und bildlich darstellbaren Hirnaktivitäten korrespondieren. Unsere geistigen Zustände sind neuronale Zustände, Zustände unseres Nervensystems. Neuronale Zustände sind *physiologische* Zustände. Wir sind endgültig im Geltungsbereich der Kausalität angekommen. Auch unser Gehirn unterliegt, wie jedes andere Organ, seinen spezifischen biologischen Eigenschaften und Gesetzmäßigkeiten. Der Hirnforscher D. Eagleman schreibt: „So wie die Wissenschaft das Gehirn heute versteht, gibt es nirgendwo eine Lücke für den freien Willen - den nicht verursachten Verursacher - , denn alle Teile des Apparats stehen in Ursache-Wirkung-Beziehungen zueinander." [16]

Allerdings hat das Gehirn die Besonderheit, dass es *denken* kann. Das macht uns ein wenig überheblich. Unsere Denkfähigkeit verleitet uns seit jeher dazu, uns aus der Natur hinauszudenken. Das Gehirn bildet sich ein, es stehe über der stofflichen Natur, denn die Materie kann ja nicht denken. Mit dem Denken hat unser Geist seine materiellen Grundlagen gewissermaßen transzendiert. Der Geist ist nicht nur unabhängig von unseren körperlichen Bedürfnissen und Befindlichkeiten, er ist sogar unabhängig von der Physiologie unseres Gehirns. Und damit ist er am Ende auch unabhängig von der Kausalität. Er ist frei schwebender Geist, an nichts Irdisches gebunden. (Der Herr Baron lässt wieder einmal grüßen.) Diese phantastische Vorstellung, der sogenannte „Körper-Geist-Dualismus", ist schon so alt wie die Philosophie selbst. Auch ist es eine Vorstellung, die dem Kopf offenbar nicht auszutreiben ist. Womöglich hängt es damit zusammen, dass der Geist das letzte Refugium der Willensfreiheit ist. Könnte ein freier Geist nicht auch den Willen in die Freiheit führen?

Das größte Rätsel des freien Geistes ist seine Körperlosigkeit. Der Geist hat keinen Ort. Es ist aber nicht vorstellbar, dass etwas, das existiert, keinen Ort in der materiellen Welt hat. Eine Existenz ohne einen Ort gibt es nur in der Metaphysik. Die Hirnforschung macht diesem Spuk ein Ende. Je mehr Terrain die Neurophysiologie erobert, desto enger wird es für den körperlosen Geist. Je genauer unseren geistigen Prozessen real existierende Hirnprozesse zugeordnet werden können, desto weniger bleibt für den körperlosen Geist übrig. Was bleibt ihm noch zu tun, was nicht das Gehirn schon kann?

Und das Gehirn kann eine ganze Menge. Dafür sprechen schon ein paar dürre Zahlen. Unser Gehirn verfügt über ungefähr 100 Milliarden Nervenzellen. Die Nervenzellen sind durch sogenannte Synapsen miteinander verbunden. Jede Nervenzelle hat bis zu 10.000 Verbindungen zu anderen Nervenzellen - ein gigantisches, unvorstellbares Netzwerk von Datenautobahnen. Hier liegt eine kleine Ironie: unser Kopf, der so große Stücke auf sich hält, kann sich die Komplexität seines eigenen Apparats nicht einmal ansatzweise vorstellen. Die verschiedenen Hirnzustände, die dieses hyperkomplexe System ermöglicht, hat man einmal mit

10^{150} errechnet - eine 1 mit 150 Nullen. Damit lässt sich schon einiges anfangen; auf ein paar Nullen mehr oder weniger soll es uns dabei nicht ankommen.

Die Vorstellung, dass ein freier Geist diese Hirnzustände beeinflussen oder gar lenken könnte, ist selbst nur ein Hirnzustand, genauer gesagt: ein Hirngespinst. Auch bekäme es der körperlose Geist sofort wieder mit der Physik zu tun. Um auf einen Körper einzuwirken, ist Energie erforderlich. Aber nur Körper haben Energie. Nur Körper können auf Körper einwirken. Ein körperloser Geist hätte gar keine Möglichkeit, mit dem körperlichen Gehirn in Verbindung zu treten.

Man kann die Entdeckungen der Hirnforschung mit den Entdeckungsreisen der europäischen Seefahrer des 15. – 17. Jahrhunderts vergleichen. Auch das waren langwierige, beschwerliche, abenteuerliche Reisen. Aber die *terra incognita* wurde mit den Jahren immer kleiner - bis sie eines Tages ganz verschwunden war. Nur das sagenhafte Atlantis ist bis heute noch nicht gefunden worden.

Es war eingangs von den Kränkungen die Rede, die Kopernikus, Darwin und Freud unserem anthropozentrischen Weltbild zugefügt haben. Es steht zu befürchten, dass die Kränkung, die die Neurobiologie bereit hält, die schmerzhafteste von allen sein wird. Alle unsere seelisch-geistigen Lebensäußerungen, unser Wollen, unser Denken, unser Fühlen, sind nur besondere Erscheinungsformen der Materie. Unsere Hirnzustände sind elektrische und chemische Prozesse, weiter nichts. Kein frei schwebender Geist, kein freier Wille - alles geht mit rechten Dingen zu, alles folgt dem Gesetz von Ursache und Wirkung. Auch wir sind, mit unserem Kopf und unserem Zopf, ein Teil der kausalen Geschlossenheit der materiellen Welt.

Hirnforschung und Psychoanalyse

Schon für S. Freud stand der Zusammenhang zwischen dem „psychischen Apparat" (wie er es nannte) und der Physiologie des Gehirns zweifelsfrei fest: „Wir wissen, dass solche Beziehungen im Gröbsten existieren. Es ist ein unerschütterliches Resultat der Forschung, dass die seelische Tätigkeit an die Funktion des Gehirns gebunden ist wie an kein anderes Organ." Im Jahre 1915, als dies geschrieben wurde, lagen die technischen Möglichkeiten, diesen Beziehungen nachzugehen, allerdings noch in weiter Ferne: „Aber alle Versuche, eine Lokalisation der seelischen Vorgänge zu erraten, alle Bemühungen, die Vorstellungen in Nervenzellen aufgespeichert zu denken und die Erregungen auf Nervenfasern wandern zu lassen, sind gründlich gescheitert. Es klafft hier eine Lücke, deren Ausfüllung derzeit nicht möglich ist." [17]

Die Hirnforschung ist auf dem Wege, diese Lücke zu schließen. Auf diesem Wege hat sie auch einige grundlegende Entdeckungen der Psychoanalyse neurobiologisch bestätigt. [18] Für die Frage der Willensfreiheit sind hier insbesondere zwei Gesichtspunkte von Interesse.

Auch die Hirnforschung hat festgestellt, dass ein Großteil unserer psychischen Aktivitäten nicht bis zu unserem Bewusstsein vordringt. [19] Wir haben nur einen sehr begrenzten Einblick in die Maschinerie unserer Willensbildung. Der Hirnforscher W. Singer schreibt: „Die meisten der Strebungen und Motive, die uns letztlich dazu gebracht haben, etwas Bestimmtes und nichts anderes zu tun, bleiben uns verborgen. Wir nehmen oft nur das *Ergebnis* solcher hirninternen Abwägungsprozesse wahr, schreiben uns dies dann im Moment der Bewusstwerdung als Ergebnis unserer ‚freien' Entscheidung zu, können es dann noch mit anderen, ebenfalls bewussten Argumenten abwägen und gegebenenfalls modifizieren und erfahren uns so als Herr über unsere Entscheidungen." [20]

Damit ist beiläufig auch das Gefühl der Freiheit erklärt, das wir bei unseren Entscheidungen haben. Weil wir die Gründe und Hintergründe unseres Willens nicht kennen, glauben wir, unser Wille sei *durch nichts* bedingt und also frei. Je weniger wir unsere Motive kennen, desto freier sind wir. Wir verdanken die Willensfreiheit, wie alle anderen Illusionen auch, nur unserer Unwissenheit.

Hirnforschung und Psychoanalyse stimmen noch in einem anderen bedeutsamen Punkt überein. Es gibt in unserem Gehirn kein Zentralorgan, das unsere Motive sammelt, sortiert, bewertet und am Ende eine eigenständige Entscheidung trifft. Unsere Motive sind nicht hierarchisch organisiert. Vielmehr operieren sie parallel nebeneinander, oft genug sogar gegeneinander. Der scharfsichtige Montaigne hat auch das - 300 Jahre vor der Psychoanalyse - schon gewusst und hinreißend formuliert: „Wir sind alle aus lauter Flicken und Fetzen und so kunterbunt unförmlich zusammengestückt, dass jeder Lappen jeden Augenblick sein eigenes Spiel treibt." [21]

Die Psychoanalyse hat unseren „psychischen Apparat" bekanntlich in drei Instanzen aufgeteilt: das Es, das Ich und das Über-Ich.

Das *Es* ist die Domäne der unbewussten Antriebe, insbesondere der sexuellen und aggressiven Kräfte. Das Es ist anarchisch, irrational und asozial. Es kennt nur ein einziges Gesetz: das Lustprinzip. - Das *Ich* hält es dagegen eher mit dem Realitätsprinzip. Das Ich ist die Domäne des Bewusstseins; es ist das denkende, planende, vorausschauende System. Das Ich hat die Aufgabe, die Triebwünsche des Es zu domestizieren und einen Ausgleich mit der Wirklichkeit herzustellen. Notfalls verfügt das Ich über Abwehrmechanismen, um allzu unverträgliche Ansprüche des Es zurückzuweisen und aus dem Bewusstsein zu verdrängen. - Das *Über-Ich* ist das, was man gemeinhin unter dem Gewissen versteht. Es will die moralischen und gesellschaftlichen Ansprüche zur Geltung bringen, die wir im Laufe unserer Sozialisation in uns aufgenommen haben.

Es liegt auf der Hand, dass diese Instanzen nicht immer einer Meinung sind. Zwischen ihnen können, im Gegenteil, schwere Machtkämpfe aufflammen, die oft die ganze Person in Mitleidenschaft ziehen. Neurotische Störungen entstehen, wenn die Spannungen so stark werden, dass dem Ich die Vermittlung zwischen den Forderungen des Es, des Über-Ich und der Realität nicht mehr gelingt.

Die Hirnforschung hat dieses Drei-Instanzen-Modell in eine Vielzahl neuronaler Funktionseinheiten aufgelöst. Aber auch diese Funktionseinheiten sind nicht hierarchisch organisiert. Es gibt kein *Zentrum*, kein Exekutivorgan, wo alle Informationen zusammenlaufen und wo am Ende, nach Auswertung aller Daten, eine autonome Entscheidung getroffen wird. [22] Der Hirnforscher G. Roth schreibt dazu: „Es liegt also ein *multi-zentrisches Netzwerk* vor, in dem niemand allein das Kommando hat, sondern in dem die Instanzen mit ihren jeweiligen Argumenten in einen Wettbewerb mit teilweise ungewissem Ausgang treten. Das Bemerkenswerte daran ist die Tatsache, dass unser Bewusstsein - wenn erst einmal die Entscheidung gefallen ist - sich diese Entscheidung *selbst* zuschreibt, so als gäbe es nur diese eine Instanz. Das ist eine sehr praktische Illusion, denn wahrscheinlich würden wir psychisch die Wahrheit gar nicht ertragen, dass wir eigentlich aus vielen Instanzen bestehen." [23]

Mit anderen Worten: es gibt gar kein einheitliches, übergeordnetes *Ich*, es gibt nur verschiedene, miteinander konkurrierende Ich-Zustände. Erst unser Bewusstsein fasst diese Ich-Zustände zu einem homogenen Ich-Gefühl zusammen. Dieses Ich-Gefühl verschafft uns eine Identität und macht die Vorstellung möglich, dass *wir selbst* es sind, die über unsere Entscheidungen bestimmen. Die Frage ist nur: wer sind wir selbst? [24]

Damit sind wir schließlich beim Kern unseres Problems angelangt. *Die Willensfreiheit hat kein Subjekt.* Freiheit setzt immer jemanden voraus, der sie hat. Freiheit gibt es nur dort, wo es auch jemanden gibt, der sie wahrnimmt, der sie *ausübt*. Aber weder Psychoanalyse noch Hirnforschung haben in unserem Kopf eine Instanz gefunden, die alle Fäden in der Hand hält und unsere Motive lenken kann, wohin es ihr beliebt. Es ist niemand da, der „frei" über unseren Willen verfügen und seine Richtung bestimmen könnte.

Wie die verschiedenen Instanzen in unserem Kopf am Ende doch noch *Entscheidungen* hervorbringen können, anstatt etwa in der Position des Buridan'schen Esels zu verharren oder in chaotische Verhältnisse abzustürzen: das ist ein Rätsel, das die Hirnforschung noch zu lösen hat. Es ist das sogenannte Bindungsproblem. Wahrscheinlich steckt auch hier wieder das Recht des Stärkeren dahinter. Oder, neurophysiologisch gesprochen: die stärkere Kongruenz neuronaler Erregungszustände.

VI. Zwei Nebenkriegsschauplätze

Kompatibilität oder: Die determinierte Willensfreiheit

Freiheit und Determination sind Gegensätze - so sollte man wenigstens meinen. Der freie Wille ist nicht determiniert, und der determinierte Wille ist nicht frei. Aber nichts ist sicher auf dieser Welt. Es gibt Autoren, die gegen die Kausalität überhaupt nichts einzuwenden haben, aber deshalb auf ihre liebgewordene Willensfreiheit noch lange nicht verzichten wollen. Sie sind der Meinung, Freiheit und Notwendigkeit seien kompatibel, also miteinander vereinbar. Das sind die sogenannten Kompatibilisten.

Das kann nur gutgehen, wenn man den Begriff der Willensfreiheit zuvor ein wenig zurechtstutzt. Die Freiheit wird zu einer Frage der Definition. Eine beliebte Definition geht so: Willensfreiheit heißt Selbstbestimmung. Selbstbestimmt *und damit frei* ist eine Handlung dann, wenn sie allein von den Motiven, Wünschen und Überzeugungen des Handelnden bestimmt ist und ohne äußeren Zwang ausgeführt wird. Das Argument gipfelt in dem verblüffenden Satz: „Auch eine determinierte Handlung kann frei sein - sofern sie durch den Handelnden selbst determiniert ist." [25]

Hier liegt eine Verwechslung vor. Eine selbstbestimmte, gewollte und ohne Zwang ausgeführte Handlung bezeichnet nicht die Willensfreiheit, sondern nur die *Handlungsfreiheit*, wie wir sie oben mit dem Satz beschrieben haben: Ich kann tun, was ich will. Diese

Freiheit gibt es jeden Tag, darüber muss man sich nicht den Kopf zerbrechen. Die Willensfreiheit ist nicht die Freiheit, tun zu können, was man will, sondern die Freiheit, *wollen zu können, was man will*. Die Freiheit liegt nicht im Tun, sondern im Wollen - das ist der Witz an der Sache. Dass es *diese* Art Freiheit nicht gibt, sehen unsere Kompatibilisten sehr wohl. Also gut, sagen sie sich, dann werden wir mit unseren Ansprüchen eben etwas bescheidener. Wir ziehen ins Souterrain und geben uns schon mit der Handlungsfreiheit zufrieden, es ist besser als nichts. Vielleicht kann man sie ja noch ein wenig philosophisch zurechtschminken.

Andere Autoren schlagen andere Wege ein. Sie rufen unseren Intellekt zur Hilfe, um die Willensfreiheit zu retten. Sie sagen etwa: unser Verstand setzt uns in die Lage, unseren Willen zu reflektieren. Wir können unsere Beweggründe überdenken und gegeneinander abwägen. Wir können uns sogar selbst kritisieren. Darin liegt unsere Freiheit. Denken macht frei. Je besser wir denken können, desto freier sind wir. Auch dieses Argument mündet am Ende in einen widersprüchlichen Satz: „Die Freiheit des Willens liegt darin, dass er auf ganz bestimmte Weise bedingt ist: durch unser Denken und Urteilen." [26]

Nun ist aber unser Denken und Urteilen so wenig frei wie unser Wille. Wir können denken, so viel wir wollen, wir denken immer nur innerhalb unserer individuellen Möglichkeiten und Grenzen - und die haben wir uns, wie schon gesagt, nicht ausgesucht. Wo liegt die Freiheit, wenn ein kluger Mensch kluge Dinge, ein schlauer Mensch schlaue Dinge und ein dummer Mensch dumme Dinge denkt? Oder wenn sich ein dummer Mensch besonders schlau vorkommt und *besonders* dumme Dinge denkt?

Aber auch der klügste Kopf kann sich nicht in die Freiheit denken. Denn wir denken nicht nur innerhalb unserer Grenzen, wir denken auch immer nur von einem bestimmten Standpunkt aus. Das ist der Standpunkt unseres Interesses. Das Interesse leitet die Erkenntnis, nicht umgekehrt. Je besser wir denken können, desto besser können wir unsere Interessen erkennen: *so* wird ein Schuh daraus.

Die Kompatibilisten sind nur verkappte Deterministen, sie wollen es bloß nicht zugeben. Sie verstehen unter Freiheit immer nur eine bestimmte Art der Determination. Einmal ist eine Handlung frei, wenn sie durch den Handelnden selbst determiniert ist. Einmal ist der Wille frei, wenn er durch unser Denken und Urteilen bedingt ist. Es liegt aber im Wesen des freien Willens, dass er *durch nichts* bedingt ist - denn sonst wäre er nicht frei. Jedenfalls hätte das Wort „frei" dann keinen erkennbaren Inhalt mehr. Die Willensfreiheit gibt es nur ganz oder gar nicht. Ist der Wille durch irgendetwas bedingt, ist er nicht frei. Ist er durch nichts bedingt, kann man sich darunter nichts mehr vorstellen. Die Vorstellung, dass etwas durch nichts bedingt ist, geht über unsere Kräfte.

Quantenphysik oder: Die Abschaffung der Kausalität

Die Quantenphysik hat, in den etwas vollmundigen Worten W. Heisenbergs, „die Ungültigkeit der Kausalität definitiv festgestellt." [27] Man hat von dieser Entdeckung seinerzeit viel Aufhebens gemacht. Das war Wasser auf die Mühlen der Willensfreiheit. Der gnadenlosen Diktatur der Kausalität war endlich ein Ende bereitet. Im Atom war das Reich der Freiheit ausgebrochen. Warum sollte sich nicht auch der Wille - wie das Elektron - zur Freiheit aufschwingen können? Wenn es im Mikrokosmos Freiheit geben kann, warum nicht auch in unserem Kopf?

Die Schlussfolgerungen der Quantenphysik, die Kausalität betreffend, waren schon seinerzeit keineswegs unbestritten. Einstein beispielsweise hat sie nie akzeptiert („Gott würfelt nicht"). In einem Brief an M. Born schreibt er: „Der Gedanke, dass ein einem Strahl ausgesetztes Elektron *aus freiem Entschluss* den Augenblick und die Richtung wählt, in der es fortspringen will, ist mir unerträglich. Wenn schon, dann möchte ich lieber Schuster oder gar Angestellter in einer Spielbank sein als Physiker." [28]

Im Jahre 1927 hatte der Physiker W. Heisenberg die Feststellung gemacht, dass die Bewegungen eines Elektrons nicht vorausgesagt werden können, weil eine genaue Ortsmessung *und* eine genaue Impulsmessung gleichzeitig nicht möglich ist. Daher - so seine Folgerung - könne dieser Vorgang nicht mehr als kausal determiniert bezeichnet werden, denn Kausalität heiße Voraussehbarkeit.

So wird auch die Kausalität zu einer Frage der Definition. Die Kompatibilisten haben die Willensfreiheit ein wenig frisiert, um sie mit der Kausalität unter einen Hut bringen zu können. Jetzt wird die Kausalität selbst frisiert. *Voraussehbarkeit* ist keine hinreichende Definition der Kausalität. Sie bringt ein subjektives, geradezu anthropozentrisches Moment ins Spiel, nämlich denjenigen, der etwas voraussehen kann - oder eben auch nicht. Die Mängel der Erkenntnisfähigkeit gehen dann leicht zu Lasten der Kausalität. Sobald wir etwas nicht mehr messen können, muss es an der Natur liegen. Das Maß aller Dinge sind immer noch wir.

Kausalität ist nicht Voraussehbarkeit, sondern *Vorausbestimmtheit*. Kausalität heißt: Alles, was geschieht, geschieht notwendig, weil jedes Ereignis durch vorangegangene Ereignisse lückenlos festgelegt ist. Ob wir es voraussehen können oder nicht - darauf kommt es nicht an. Es gibt unzählige komplexe Systeme, die kausal determiniert, aber nicht voraussehbar sind - nämlich dann, wenn die bestimmenden Faktoren so unüberschaubar oder so unzugänglich sind, dass ihre Wirkungen nicht mehr berechnet werden können.

Das gilt bereits für eine so alltägliche Erscheinung wie das Wetter. Schon hier gibt es zu viele Einflüsse, Abhängigkeiten, Wechselwirkungen und Rückkoppelungen, um der Meteorologie präzise Voraussagen zu ermöglichen. Es gibt immer nur eine mehr oder weniger große Wahrscheinlichkeit. Kleine Schwankungen der Temperatur, des Luftdrucks, der Luftfeuchtigkeit, der Windrichtung oder der Windgeschwindigkeit können ganz unkalkulierbare, geradezu dramatische Auswirkungen haben. Schon in den 1950er Jahren hatte ein

Pionier der Chaosforschung, E. Lorenz, einen Aufsatz geschrieben mit dem Titel: „Kann der Flügelschlag eines Schmetterlings in Brasilien einen Tornado in Texas hervorrufen?" Die Frage war zwar zugespitzt, aber keineswegs nur metaphorisch gemeint. Es ist dann auch das Lieblings-Steckenpferd der sogenannten Chaostheorie gewesen, zu demonstrieren, dass in komplexen Systemen die kleinsten Ursachen die größten Wirkungen auslösen können. Es sind aber immer noch Ursachen und Wirkungen. Die Chaostheorie hat, ihrer irreführenden Bezeichnung zum Trotz, keineswegs die Gesetzlichkeit komplexer Systeme in Frage gestellt, sondern nur ihre Berechenbarkeit.

Auf ähnliche Weise unberechenbar sind die politökonomischen Vorgänge, die als „Geschichte" bezeichnet werden. Die unendliche Vielzahl der am Geschichtsprozess beteiligten Kräfte, die Art und Weise ihrer Interaktion, nicht zuletzt ihre notorische Sprunghaftigkeit und Irrationalität - das entzieht sich einer Feststellung und macht folglich eine Voraussage der Ereignisse prinzipiell unmöglich. Wir verstehen die kausalen Zusammenhänge geschichtlicher Abläufe oft genug nicht einmal aus der *Retrospektive*, das heißt aus der Perspektive langwieriger und gewissenhafter historischer Forschungen. Es liegt keine geringe Ironie darin, dass auch die menschliche Geschichte als chaotischer Prozess beschrieben werden kann. Auch die Geschichte kennt Schmetterlingseffekte. Im Sommer 1914 fallen in Sarajewo zwei Schüsse - und eine Kettenreaktion löst einen Weltbrand aus, der von den Historikern zu Recht als Urkatastrophe des Jahrhunderts bezeichnet worden ist.

Um wieder auf den atomaren Mikrokosmos zurückzukommen: die Unberechenbarkeit liegt hier in der Kleinheit der Verhältnisse. Dadurch wird jede Messung zu einem *Eingriff*, zu einer Störung der zu messenden Situation. Um die Position eines Elektrons zu bestimmen, muss es einem Lichtstrahl ausgesetzt werden. Das Licht besteht aber aus Photonen, also ebenfalls aus Teilchen. Trifft das Licht auf das Elektron, gibt es an dieses Energie ab. Damit wird die Geschwindigkeit oder die Richtung des Elektrons verändert. Die Messung steht sich selbst im Weg. Die Gesetze der Kausalität enden nicht dort, wo wir sie nicht mehr messen können. Die Heisenberg´sche „Unschärferelation" ist nur eine Unschärfe der Wahrnehmung.

Niemand wusste das übrigens besser als Heisenberg selbst. Im gleichen Aufsatz, in dem er die Kausalität abgeschafft hat, schreibt er: „An der scharfen Formulierung des Kausalgesetzes: ,Wenn wir die Gegenwart genau kennen, können wir die Zukunft berechnen', ist nicht der Nachsatz, sondern die Voraussetzung falsch. *Wir können die Gegenwart in allen Bestimmungsstücken prinzipiell nicht kennenlernen.*" [29] Mit anderen Worten: das Gesetz von Ursache und Wirkung ist keineswegs außer Kraft getreten. Es ist nur so, dass wir die Ursachen nicht genau genug bestimmen können.

Wir können die Frage auf sich beruhen lassen. Für das Problem der Willensfreiheit sind die Gesetze respektive Gesetzlosigkeiten im atomaren Mikrokosmos ohne Bedeutung. Die Quantenphysik hat an die Stelle der Notwendigkeit nur die Wahrscheinlichkeit gesetzt, also letzten Endes den „Zufall". Zufall ist aber etwas anderes als Freiheit. Zufällig nennen wir ein Ereignis, dessen Ursachen wir nicht kennen. Freiheit heißt ... ja was zum Teufel heißt jetzt eigentlich Freiheit?

VII. Willensfreiheit und Strafrecht

Schuldstrafrecht

Mit dem Strafrecht ist die Willensfreiheit zur offiziellen Staatsdoktrin geworden. Sie hat die Sphäre der reinen Ideen verlassen und macht jetzt mit der Wirklichkeit Bekanntschaft. Da kann es nicht ausbleiben, dass auch ihre Ungereimtheiten real, geradezu handgreiflich werden.

Der zentrale Begriff des Strafrechts ist die *Schuld*, es wird daher auch „Schuldstrafrecht" genannt. Nur ein Schuldiger kann bestraft werden. Schuld heißt Vorwerfbarkeit. Der Vorwurf lautet: du hättest dich auch anders entscheiden können. Oder, in der Sprache des Strafgesetzbuchs: du hättest das Unrecht der Tat einsehen und nach dieser Einsicht handeln können. Schuldhaft und also strafbar ist der frei gewählte Gesetzesverstoß, die eigenverantwortlich getroffene falsche Willensentscheidung. Die Schuld ist die logische Konsequenz der Willensfreiheit.

Bemerkenswerterweise hat sich die Strafjustiz niemals ernsthaft mit dem Problem der Willensfreiheit beschäftigt. Die Willensfreiheit wird ohne weiteres als gegeben vorausgesetzt. Der Bundesgerichtshof brauchte es nur noch auf eine Formel zu bringen: „Der innere Grund des Schuldvorwurfs liegt darin, dass der Mensch auf freie, verantwortliche, sittliche Selbstbestimmung angelegt und deshalb befähigt ist, sich für das Recht und gegen das Unrecht zu entscheiden, sein Verhalten nach den Normen des rechtlichen Sollens einzurichten und das Verbotene zu vermeiden." [30] Eine etwas wolkige Juristen-Prosa - aber sie trifft den Kern der Sache. Wir sind auf freie Selbstbestimmung „angelegt". Damit muss es sein Bewenden haben. Die Willensfreiheit wird durch Gerichtsbeschluss dekretiert, *par ordre du moufti* sozusagen.

Nun ist dem Strafrecht natürlich nicht verborgen geblieben, dass es psychische Zustände und Zwangslagen gibt, bei denen sich der Begriff der Schuld ziemlich lächerlich ausnimmt. Persönlichkeitsstörungen aller Art, Psychosen und Neurosen, Affektzustände, Intoxikationen, Triebtäter, Eifersuchtsdramen usw. machen der Willensfreiheit das Leben schwer. Irgendwie scheint sie hier nicht mehr so richtig zu funktionieren.

So hat das Strafrecht ein wenig kalte Füße bekommen und seinen ersten Kompromiss mit der Kausalität geschlossen. Es hat die sogenannte *Schuldunfähigkeit* erfunden. § 20 des Strafgesetzbuchs sagt uns, was man sich darunter vorzustellen hat: „Ohne Schuld handelt, wer bei Begehung der Tat wegen einer krankhaften seelischen Störung, wegen einer tief greifenden Bewusstseinsstörung oder wegen Schwachsinns oder einer schweren anderen seelischen Abartigkeit unfähig ist, das Unrecht der Tat einzusehen oder nach dieser Einsicht zu handeln."

Neue Schwierigkeiten. Es liegt auf der Hand, dass man mit derartigen Blankettbegriffen nicht allzu viel anfangen kann. Rechtswissenschaft und Gerichtspsychiatrie haben diesen Begriffen zwar alle möglichen Krankheitsbilder und Ausnahmezustände zugeordnet, aber damit ist nichts gewonnen. Die entscheidende

Frage bleibt unbeantwortet: Wo ist der kritische Punkt, wo eine „krankhafte seelische Störung" oder eine „seelische Abartigkeit" zum Zusammenbruch der Steuerungsfähigkeit führt? Wann sind die inneren Zwänge so stark, dass der freie Wille kapitulieren und sich diesen Zwängen ausliefern muss? Wo hört die Freiheit auf, wo beginnt die Notwendigkeit? Die Grenzen zwischen Schuld und Schuldunfähigkeit liegen im tiefsten Dunkel. Es ist den Gerichten gar nicht möglich, hier eine Trennlinie zu ziehen, wenn nicht der Daumen zum Instrument der Rechtsfindung werden soll.

Dieses Dilemma hat dem Strafrecht einen zweiten, noch windigeren Kompromiss mit der Kausalität abgefordert. Das ist die sogenannte *verminderte Schuldfähigkeit*. Ist die Schuld des Täters infolge einer krankhaften seelischen Störung zwar nicht ausgeschlossen, aber doch „erheblich vermindert", dann kann auch die Strafe gemildert werden. Der Täter ist dann nicht gänzlich schuldig, sondern nur ein bißchen. Teilweise ist er für seinen Willen verantwortlich, teilweise nicht. Teilweise konnte er „das Unrecht seiner Tat einsehen und danach handeln", teilweise nicht. Der Täter wird in einen schuldigen und einen unschuldigen Teil aufgespalten - geradezu ein Fall staatlich verordneter Schizophrenie. Das kann so weit führen, dass ein und derselbe Täter für ein und dieselbe Tat erst ein paar Jahre im Gefängnis absitzen muss, also bestraft wird, um danach in einer sozialtherapeutischen Anstalt therapiert zu werden. Die Grenzen zwischen Freiheit und Notwendigkeit sind jetzt fließend, alles ist möglich.

Damit ist die Willensfreiheit im Strafrecht eigentlich erledigt. Ein bißchen frei, ein bißchen schuldfähig -

das ist nicht gut möglich. Die Willensfreiheit ist nicht relativierbar. Macht man sie erst einmal von allen möglichen psychischen Gegebenheiten und Notwendigkeiten abhängig, gibt es bald kein Halten mehr, und am Ende bleibt nichts mehr von ihr übrig. Die Frage ist dann nur noch, wie viel Notwendigkeit man im Einzelfall zugestehen will und wie viel nicht. Die Beantwortung dieser Frage hängt davon ab, wie genau man hinschaut.

In jedem Strafprozess wird die Mühe, die es kostet, die Fiktion der Schuld aufrecht zu erhalten, förmlich spürbar. In einem aufgeklärten Strafprozess soll ja nicht nur die Tat nach dem Buchstaben des Gesetzes bestraft werden. Es wird auch ein erheblicher Aufwand getrieben, die „Täterpersönlichkeit" zu verstehen und womöglich entlastende Gesichtspunkte herauszufinden. Folglich geht man dem sozialen Hintergrund des Täters gewöhnlich sehr weit nach - aber immer nur exakt bis zu dem Punkt, wo nicht die Notwendigkeit ihr hässliches Haupt erhebt und das ganze Schuldgebäude ins Wanken zu geraten droht. Ginge man den Motiven des Täters, seiner Charakterstruktur, seiner Geschichte, seiner psychischen Disposition zum Zeitpunkt der Tat nur noch ein wenig weiter nach - seine Freiheit würde sich sehr bald in Luft auflösen.

Die Schwierigkeiten mit der Schuld setzen sich bei der Strafzumessung fort. Wenn die Schuld die Grundlage für die Strafe ist, muss sich auch das *Strafmaß* an der Schuld orientieren. Je größer die Schuld, desto höher die Strafe. So steht es auch im Gesetz.

Aber wie soll das gehen? Wenn die Schuld schon nicht recht zu fassen ist: wie will man sie erst *messen*? Und selbst, wenn man sie messen könnte: wie will man sie *umrechnen*, und zwar in einen bestimmten Geldbetrag oder gar in Jahre?

Es ist ein hoffnungsloses Unterfangen. Schuld setzt Entscheidungsfreiheit voraus. Folglich hängt auch das Ausmaß der Schuld von dem Maß der Freiheit ab, die ein Täter bei seinem Tatentschluss gehabt hat. Je größer die Freiheit, desto größer die Schuld. Aber auch mit dieser schönen Formel kann man in der Wirklichkeit nichts anfangen. Die Frage, *wie frei* ein Täter unter den gegebenen Bedingungen tatsächlich gewesen ist, lässt sich nicht beantworten. Die Widerstandskräfte, die ein Täter gegen seine kriminellen Energien aufzubieten vermag, sind nicht messbar. Die Schuld bleibt immer eine unbekannte Größe. Die Gleichung Schuld = Strafe kann daher niemals aufgehen.

Das Gesetz weicht dem Problem aus - man kann es ihm nicht verdenken. Dafür stellt es einen Katalog von Umständen auf, die bei der Strafzumessung berücksichtigt werden sollen. Nach § 46 des Strafgesetzbuchs sind das (man braucht hier ein wenig Geduld): „die Beweggründe und Ziele des Täters, die Gesinnung, die aus der Tat spricht und der bei der Tat aufgewendete Wille, das Maß der Pflichtwidrigkeit, die Art der Ausführung und die verschuldeten Auswirkungen der Tat, das Vorleben des Täters, seine persönlichen und wirtschaftlichen Verhältnisse, sein Verhalten nach der Tat, besonders sein Bemühen, den Schaden wieder gut zu machen und einen Ausgleich mit den Verletzten zu erreichen.“

Das ist ein schöner Baukasten, damit lässt sich einiges anstellen. In der Beurteilung und der Gewichtung dieser Umstände sind die Gerichte vollkommen frei. Sie können beliebig mit ihnen hantieren und jedes Ergebnis begründen. Es gibt sogar eine Einladung zum Moralisieren (Gesinnung, Beweggründe, Pflichtwidrigkeit). Und am Ende kommt immer, immer der gleiche Satz heraus: Das Gericht hält die und die Strafe für „schuldangemessen".

So verschwindet die Schuld, wenn sie in die Wirklichkeit übertragen, wenn sie *konkret* werden soll, in einem Nebel von Begrifflichkeiten. Sie ist, streng genommen, gar nicht justiziabel, wenn man nur ein Minimum an Rechtsklarheit und Rechtssicherheit fordern will.

Der Pakt mit der Psychiatrie

Wenn der Schuld mit juristischen Begriffen nicht beizukommen ist, brauchen die Gerichte Hilfstruppen. Das sind die psychiatrischen Sachverständigen - Leute vom Fach also, die die menschliche Natur und ihre Pathologie ausgiebig studiert haben. Wer wäre besser qualifiziert, über Schuld und Schuldunfähigkeit verlässliche Angaben zu machen? So hat sich zwischen Gerichten und psychiatrischen Gutachtern eine praktische Arbeitsteilung herausgebildet. Der Gutachter befindet über die Schuldfähigkeit des Täters, der Richter verhängt die Strafe - oder auch nicht, je nachdem. So ist die Verantwortung aufgeteilt, der Fall erledigt.

Dieses Arrangement ist für alle Beteiligten auf den ersten Blick recht bequem. Die Gerichte haben sich ein lästiges Problem vom Hals geschafft. Die Gutachter haben ein Einkommen, im besten Falle sogar ein Auskommen. Es ist aber ein Arrangement, das nicht wirklich funktioniert. Strafjustiz und Psychiatrie sind keine komfortablen Bettgenossen. Sie gehen von zu unterschiedlichen Voraussetzungen aus.

Die Geschäftsgrundlage jeder Psychologie ist, wie schon gesagt, strengster Determinismus. Nur unter der Voraussetzung der Gesetzmäßigkeit psychischer Vorgänge können diese Vorgänge überhaupt verstanden werden. Die Aufgabe der Psychologie besteht darin, diese Gesetzmäßigkeiten herauszufinden.

Mit dem Determinismus kann aber das Strafrecht nichts anfangen. Das Strafrecht will nicht verstehen, es will verurteilen. Der Täter soll für seine Tat verantwortlich gemacht und zur Rechenschaft gezogen werden. Das Strafrecht braucht einen *Schuldigen*.

Schuld und Verantwortlichkeit sind nun wiederum keine psychologischen Kategorien. Die Psychologie kann - wie jede andere Naturwissenschaft auch - nur erklären, was der Fall ist. Sie denkt nicht im Konjunktiv. Die Frage, ob sich ein Täter unter den gleichen Bedingungen auch anders hätte entscheiden können, kann die Psychologie nicht einmal verstehen, geschweige denn beantworten. Allenfalls könnte sie sagen: „Er hätte sich nur dann anders entscheiden können, wenn er es gewollt hätte. Offensichtlich hat er es nicht gewollt, denn sonst hätte er es getan. Vielleicht hat er es sogar gewollt, aber sein Wille war nicht stark genug, um sich gegen andere, mächtigere Motive durchzusetzen - wer weiß."

Kurz gesagt: die Diagnosen „schuldfähig" oder „schuldunfähig" sind der Psychologie nicht möglich. Sie kann den Gerichten das metaphysische Problem der Schuld nicht abnehmen, ohne ihren Anspruch auf Wissenschaftlichkeit aufzugeben. Mit diesem Dilemma hat die Gerichtspsychiatrie täglich zu kämpfen. Es ist aber ein Kampf, den sie nicht gewinnen kann. Die pseudowissenschaftlichen Spiegelfechtereien, die von den psychiatrischen Sachverständigen auf dem weiten Feld zwischen Schuld und Schuldunfähigkeit aufgeführt werden, spotten jeder Beschreibung. [31]

Psychiatrie und Strafjustiz gehen nicht nur von unterschiedlichen Voraussetzungen aus, sie verfolgen auch ganz unvereinbare Ziele. Die Psychiatrie hat es mit psychisch Kranken zu tun. Ihr Ziel ist es folglich, zu behandeln, womöglich zu heilen. Die Strafjustiz hat es mit Übeltätern zu tun. Sie will strafen, vergelten, ein Übel zufügen.

In diesem Zwiespalt übernimmt die Gerichtspsychiatrie die Rolle des Selektionsgehilfen. Sie bestimmt über Schuld oder Unschuld. Sie entscheidet, ob der Täter therapiert - oder ob ihm doch besser ein Übel zugefügt werden soll. Die Gerichtspsychiatrie ist ein nützlicher Idiot. Sie lässt sich von der Strafjustiz missbrauchen. Sie nimmt die unlösbare Frage der Schuld auf ihr eigenes Haupt und hängt der „Strafrechtspflege" ein wissenschaftliches Mäntelchen um.

Es gibt Vertreter der Zunft, die nicht einmal vor dem gesunden Volksempfinden zurückschrecken. In einer wissenschaftlichen Publikation kann man folgendes lesen: „Viele Vergehen kann man als ein Nachgeben an menschliche Schwächen verstehen, von denen man selbst nicht ganz frei ist, die man selbst aber überwindet, zum Beispiel Stehlen und Betrügen aus Habgier und Eigennutz, Beschimpfung und Körperverletzung aus Jähzorn, Verleumden aus Rachsucht, sexuelle Delikte aus ungezügelter Geschlechtslust. Jeder, der von einem solchen Vergehen hört, ist ergriffen und empört; es löst den Drang zum Zurückschlagen aus, den Drang, dem Täter weh zu tun und dadurch eine gestörte Ordnung wiederherzustellen." [32]

Man kann in der einschlägigen wissenschaftlichen Literatur sogar regelrechte Glaubensbekenntnisse finden: „Mit der Würde des Menschen und den aus ihr abgeleiteten Grundrechten ist die Vorstellung von einem restlos kausal determinierten Wesen, das von unbewussten psychischen Kräften getrieben wird, nicht vereinbar." [33] Das ist starker Tobak. Hängt unsere Menschenwürde davon ab, dass wir uns über die Kausalität hinwegsetzen können? So etwas würden wir gerade noch einem Moralphilosophen durchgehen lassen. Aber einem Psychologen?

Strafe oder Prävention?

Wenn es den Gerichten sogar mit sachverständiger Hilfe nicht gelingen will, die Schuld in den Griff zu bekommen: welchen Sinn hat dann überhaupt noch eine Strafe? Ist es gerecht und billig, jemanden für eine Tat zu bestrafen, für die er gar nicht verantwortlich gemacht werden kann? Was ist gewonnen, wenn man die „Schuldfähigkeit" irgendeines armen Sünders mit viel Begriffsakrobatik in einem Strafprozess endlich festgestellt hat? Sind die *Sanktionen* für die Schuld - Strafe, Sühne, Vergeltung - nicht ungefähr so rational wie die Teufelsaustreibung?

Was ist überhaupt eine Strafe? Strafe ist die Zufügung eines Übels, um eine Schuld zu tilgen. Der Sinn der Strafe besteht darin, ein Übel dadurch auszugleichen, dass man ein weiteres Übel zufügt. Diese Absurdität ist mit den bekannten Hegel'schen Negationen auf die Spitze getrieben worden: Das Verbrechen ist die Negation des Rechts; die Strafe ist die Negation der Negation. Mit einem Leidensopfer wird das Verbrechen gesühnt und das verletzte Recht wiederhergestellt. Solche und ähnliche Mystifikationen können nicht darüber hinwegtäuschen, dass aus dem Schuldstrafrecht nur das uralte Gesetz der Rache herausschaut.

Der Zweck eines rationalen Strafrechts kann nicht darin bestehen, eine Schuld zu ahnden, von der man nicht einmal weiß, was sie eigentlich ist. Der Sinn eines rationalen Strafrechts besteht darin, die Gesellschaft zu schützen. Die Gesellschaft hat das Recht, sich gegen das Verbrechen zur Wehr zu setzen, ohne sich durch Schuldfragen aus dem Konzept bringen lassen zu müssen. Sie hat ein Problem zu lösen, aber nicht der Frage nachzugehen, wer an dem Problem schuld ist. Sie muss keine Vorwürfe erheben, sondern Maßnahmen treffen. Streng genommen geht den Staat die Schuldfrage nicht einmal etwas an. Das Mandat für staatliches Strafen reicht nur so weit, wie der Schutz der Gesellschaft es erfordert - vorausgesetzt, wir sind in einem Rechtsstaat. Für diesen Zweck ist die Klärung der Schuldfrage überflüssig. Der Staat ist zur Metaphysik nicht verpflichtet.

Wenn das Strafrecht die Gesellschaft vor dem Verbrechen schützen soll, kann es nur noch einen sinnvollen Strafzweck geben, nämlich die *Prävention*. Die Prävention will nicht Vergeltung, sondern Verhütung. Sie blickt nicht in die Vergangenheit, sondern in die Zukunft. Die Frage, ob sich ein Täter unter den gegebenen Umständen auch anders hätte entscheiden können, interessiert sie nicht. Es kommt ihr allein darauf an, dass er sich künftig anders entscheidet.

Das wichtigste Instrument der Prävention ist naturgemäß - das heißt der menschlichen Natur gemäß - die Abschreckung. Die Allgemeinheit soll durch *Androhung* von Sanktionen von Straftaten abgehalten werden (die sogenannte Generalprävention). Hat die Strafdrohung nicht ausgereicht, soll der Täter durch *Zufügung* von Sanktionen von weiteren Straftaten abgehalten werden (die sogenannte Spezialprävention). Das ist eine vernünftige Politik. Damit steht das Strafrecht auf dem Boden der Tatsachen und des deterministischen Prinzips. Dem Willen muss, wenn er „das Unrecht einer Tat einsehen und nach dieser Einsicht handeln" soll, kräftig nachgeholfen werden. Die Strafdrohung schafft ein *Gegenmotiv* und hofft, dass es stärker sein möge als alle dissozialen Antriebe in einer Person zusammengenommen. Das Strafgesetzbuch ist nichts anderes als ein - übrigens ziemlich umfangreicher - Katalog derartiger Gegenmotive.

Aus dem Blickwinkel der Prävention kann auch die Strafzumessung rational und zielgerichtet vorgehen. Sie hat mit dem Täter keine Rechnung zu begleichen; seine Schuld kann ihr deshalb gleichgültig sein. Die Frage ist nicht mehr: welche Strafe ist „schuldangemessen"? Die Frage ist jetzt: welche Strafe ist geeignet, den Täter von weiteren Straftaten möglichst abzuhalten? Das ist ein praktikabler, handhabbarer Maßstab. Diesen Maßstab richtig anzulegen ist schwierig genug, wir können weder in den Täter sehen, noch in die Zukunft. Aber zumindest sind wir jetzt in der Wirklichkeit, nicht in der Fiktion.

Will die Prävention etwas weiter blicken, darf sie natürlich bei der Abschreckung nicht stehen bleiben. Mit dem bloßen Strafvollzug ist es nicht getan. Es müssen auch Maßnahmen ergriffen werden, um dem Täter die Wiedereingliederung in die Gesellschaft zu erleichtern - etwa durch berufliche Aus- oder Weiterbildung, sozialtherapeutische Angebote usw. Hier können Psychologen und Psychiater ein weitaus sinnvolleres Betätigungsfeld finden, als sich von den Gerichten in überflüssige Schuldfragen verwickeln zu lassen.

Die Gespenster der Metaphysik sollten endlich aus dem Strafrecht vertrieben werden. Das Schuldprinzip gehört auf den Müllhaufen der Rechtsgeschichte. Forderungen nach einem rein präventiven Maßnahmerecht sind schon fast so alt wie das Strafgesetzbuch selbst. Einer der großen deutschen Strafrechtslehrer, Franz von Liszt, schrieb bereits 1905: „Der Verbrecher ist unbedingt und uneingeschränkt unfrei, sein Verbrechen die notwendige, unvermeidbare Wirkung der gegebenen Bedingungen. Für das Strafrecht gibt es keine andere Grundlage als den Determinismus."[34] Und weiter: „Ich erblicke das Wesen der Zurechnungsfähigkeit, also die Voraussetzung der strafrechtlichen Verantwortlichkeit, in der normalen Bestimmbarkeit der Motive. Zurechnungsfähigkeit bedeutet demnach die Empfänglichkeit für die durch die Strafe bezweckte Motivsetzung.[35]

Inzwischen ist der Präventionsgedanke zwar im geltenden Strafrecht angekommen, aber er fristet dort ein eher kümmerliches Dasein. Das Gesetz kann sich nicht entscheiden und zieht sich einmal mehr mit einem faulen Kompromiss aus der Affäre. Einerseits ist die Schuld nach wie vor Grundlage für die Strafzumessung. Andererseits soll aber auch die Wirkung der Strafe auf das künftige Verhalten des Täters „berücksichtigt" werden (§ 46 Absatz 1 StGB).

Leider lassen sich Schuldprinzip und Prävention in der Wirklichkeit nicht so leicht miteinander vereinbaren wie auf dem Papier des Strafgesetzbuchs. Wer Verbrechen bestrafen will, hat andere Maßstäbe und kommt daher auch zu anderen Ergebnissen als der, der Verbrechen verhüten will. Diese unentschlossene Haltung des Gesetzes hat eine erhebliche Rechtsunsicherheit zur Folge. Das Problem wird an den zuständigen Richter delegiert. Alles hängt jetzt von der Person des Richters ab. Ist er ein Mensch mit einer eher konservativen Grundausstattung, der das Vergeltungsprinzip für unverzichtbar hält? Oder ist er mehr einer rationalen, gesellschaftspolitisch orientierten Sichtweise zugeneigt? Es ist reine Glückssache. Genauer gesagt: eine Sache des richterlichen Geschäftsverteilungsplans.

Irrwege

Von den unermüdlichen Verfechtern der Freiheit werden gelegentlich zwei Fälle ins Feld geführt, um das präventive Maßnahmerecht ad absurdum zu führen und den Schuldgedanken zu retten. Die Argumentation ist zwar selbst ein wenig absurd; dennoch soll sie hier nicht unerwähnt bleiben, weil sie den Vorzug der Anschaulichkeit hat und nicht, wie sonst üblich, im Nebel juristischer Abstraktionen verschwindet. [36]

Im ersten Fall haben wir es mit einem Kleinkriminellen zu tun, der immer wieder mit dem Gesetz in Konflikt gerät. Seine zahlreichen Vorstrafen machen auf ihn nicht den geringsten Eindruck, ein hoffnungsloser Fall. Jetzt hat man ihn wieder einmal erwischt. Was ist zu tun? Das Gericht stellt fest, dass unser Delinquent eine höchst desolate Vergangenheit gehabt hat. Er ist unehelich geboren und bei verschiedenen Pflegeeltern ohne jede menschliche Wärme aufgewachsen. Er konnte es auf keiner Schule und auf keiner Lehrstelle aushalten, er ist aus Erziehungsheimen immer wieder ausgebrochen und häufig durch Aggressivität und Gefühlsroheit aufgefallen. Das Gericht beauftragt einen psychologischen Gutachter mit der Erstellung einer Sozialprognose. Der Gutachter diagnostiziert ein hohes kriminelles Potential und kommt zu dem Ergebnis, dass man es hier mit dem Typus eines angehenden gefährlichen Gewohnheitsverbrechers zu tun habe, der bei Diebstählen und Straßenräubereien keinesfalls stehen bleiben werde.

Hier meinen unsere Autoren: Ein Gericht, das sich ausschließlich von präventiven Gesichtspunkten leiten ließe, müsste diesen Täter auf unbestimmte Zeit wegsperren. Vorbeugen ist besser als strafen. Schließlich gilt es, vorausschauend zu denken und die Gesellschaft vor dem Verbrechen zu schützen.

Das ist natürlich ein unmögliches Ergebnis, und darauf will das Argument auch hinaus. Unsere Herren Juristen haben dabei nur ganz vergessen, dass wir uns in einem Rechtsstaat befinden. In einem Rechtsstaat müssen Straftaten nicht prognostiziert, sondern nachgewiesen werden. Bis dahin haben staatliche Präventionsansprüche zurückzutreten. Es ist nur ein Scheinproblem - man hat ein wenig gemogelt.

Im zweiten, gewissermaßen entgegengesetzten Fall geht es um einen ehemaligen SS-Schergen, der in einem Konzentrationslager zahllose bestialische Morde verübt hat. Der Prozess wird ihm erst zwanzig Jahre später gemacht (mit der Aufarbeitung der nationalsozialistischen Vergangenheit hatte es die deutsche Justiz, wie man weiß, nicht besonders eilig). Inzwischen hat der Angeklagte keinerlei Straftaten mehr begangen. Er hat, im Gegenteil, einen geachteten Beruf ausgeübt und sich auch sonst sozial vollkommen angepasst.

Der Fall ist dem Frankfurter Auschwitz-Prozess entlehnt und soll die Unverzichtbarkeit des Schuldprinzips beweisen. Das Argument lautet, nur auf der Grundlage seiner Schuld könne dieser Täter überhaupt zur Verantwortung gezogen und seiner gerechten Strafe zugeführt werden. Ein rein präventives Maßnahmerecht müsste ihn freisprechen, weil von ihm keinerlei Gefahr mehr ausgeht.

Hier liegt ein Missverständnis vor. Selbstverständlich spielen *spezialpräventive* Gesichtspunkte jetzt keine Rolle mehr. Der Täter muss nicht mehr resozialisiert werden, dafür hat schon die Geschichte gesorgt. Bekanntlich waren die Nationalsozialisten und ihre Helfershelfer nach dem 8. Mai 1945 mit einem Schlag vollständig ausgestorben. Auch die meisten der in Nürnberg abgeurteilten Staats-Verbrecher hätten sicherlich ein unbescholtenes, gutbürgerliches Nachkriegsdasein geführt. Es waren ja keine Monster, sondern nur monströse Opportunisten. Die Spezialprävention ist hier in der Tat eine stumpfe Waffe. Sie erteilt den großen Verbrechern Absolution, wenn sie in Umstände geraten, in denen ihre kriminelle Energie nicht mehr gebraucht wird.

Folglich hat die Strafe hier nur noch einen *generalpräventiven* Zweck. Es geht ihr nicht um die Abschreckung eines Verbrechers, der gar nicht mehr abgeschreckt werden muss. Es geht ihr um die Abschreckung von Verbrechern des gleichen Kalibers.

Generalpräventive Gesichtspunkte wollen unsere Autoren in diesem Fall aber nicht gelten lassen. Stattdessen entwickeln sie eine verblüffende moralische Sensibilität. Sie sagen: eine Strafe aus generalpräventiven Gründen ist gar nicht an den Täter selbst gerichtet. Sie hat nur den Zweck, *auf andere* einzuwirken. Der Täter soll als abschreckendes Beispiel missbraucht werden. Damit wäre die von Kant aufgestellte moralische Maxime verletzt, wonach der Mensch niemals nur als Mittel gebraucht werden dürfe, sondern jederzeit als Zweck an sich zu achten sei.

Man möchte fast gerührt sein, wie sehr unseren Autoren die Menschenwürde von Massenmördern am Herzen liegt. Hier wäre doch wohl eher die Frage am Platz, ob diejenigen, die die Menschenwürde tausendfach mit Füßen getreten haben, überhaupt noch Würde für sich selbst beanspruchen können? Haben KZ-Schergen, Folterknechte, Massenmörder, „Schreibtischtäter" und ähnliche Figuren aus dem Schreckenskabinett der Geschichte ihre Menschenwürde nicht ein für allemal verwirkt? Wenn sie schon zu sonst nichts gut sind: dann doch wenigstens zur Abschreckung?

Es war nicht zuletzt auch dieser Gedanke, der zur Errichtung internationaler Gerichtshöfe geführt hat - des Militärtribunals in Nürnberg ebenso wie des Internationalen Strafgerichtshofs in Den Haag. Die Abschreckung soll nicht nur gegen die kleinen Räuber und Mörder in Stellung gebracht werden, sondern auch gegen die großen - sogar erst recht gegen die großen. Der Satz, dass man die Kleinen hängt und die Großen laufen lässt, soll nicht mehr gelten. Vielmehr soll den Großen gezeigt werden, dass auch sie nicht außerhalb des Rechts stehen und von seinem Arm einmal erreicht werden können.

Sündenböcke

Das erstaunliche Beharrungsvermögen des Schuldprinzips hat natürlich ideologische Gründe. Zwar ist das Verbrechen auf dem Boden der Gesellschaft gewachsen, aber die Gesellschaft will damit nichts mehr zu tun haben. Sie will sich aus ihrer Verantwortung stehlen.

Der Mensch, auch der kriminelle Mensch, ist das Produkt aus seiner Anlage und dem, was die Gesellschaft im Lauf der Zeit daraus gemacht hat. Es gibt keinen ernstlichen Streit mehr darüber, dass die sogenannte Unterschichtskriminalität weitgehend auf Versäumnisse der Gesellschaft zurückzuführen ist. Gesellschaft heißt hier natürlich in erster Linie: *die Familie*. Die Familie wird sehr zu Recht als „Keimzelle" des Staates bezeichnet. Hier werden die Keime ausgebrütet, die zu delinquentem Verhalten führen. Hier ist der Nährboden für soziale Verwahrlosung und Verrohung jeder Art. In den Strafprozessen wird es dann manifest. Die meisten dieser Straftäter sind mit ebenso monotoner wie deprimierender Regelmäßigkeit in verheerenden Familienverhältnissen aufgewachsen. An Wärme, Zuneigung, Geborgenheit oder Verständnis können sie sich „nicht erinnern". In aller Regel waren sie Opfer von Gewalttätigkeit von Jugend an. Die Schäden, die hier angerichtet werden, sind kaum noch zu reparieren - schon gar nicht mit den gegebenen Reparaturanstalten. Es ist eine traurige Tatsache, dass die Jugendheime, Gefängnisse, sozialtherapeutischen Anstalten, Bewährungshelfer usw. ihrem Resozialisierungsauftrag personell und finanziell in keiner Weise gewachsen sind. Aber für Sozialeinrichtungen dieser Art hat der Sozialstaat nicht genug Geld.

In den meisten Fällen handelt es sich nicht einmal um eine Re-Sozialisierung, weil eine primäre Sozialisierung gar nicht stattgefunden hat. Dafür kommt der Strafvollzug aber zu spät. Hier muss der Staat schon früher ansetzen, nämlich bei seiner „Keimzelle". Für eine intelligente Familien- und Bildungspolitik gäbe es viel zu tun, wenn man nicht nur gegen die Symptome, sondern auch gegen die Ursachen vorgehen will.

Viel leichter ist es, die Schuldfrage aufzuwerfen. Mit Hilfe der Schuld kann sich die Gesellschaft von ihrer Mitverantwortung für die Kriminalität freisprechen. Die Verantwortung trägt jetzt allein der Delinquent. Schließlich hatte er es in der Hand, sich anders zu entscheiden, das Richtige zu tun, „das Unrecht der Tat einzusehen und nach dieser Einsicht zu handeln". Ganz ohne Not, aus freien Stücken hat er sich für das Verbrechen entschieden. Man kann ihn jetzt guten Gewissens wegsperren.

In diesem Punkt ähnelt der strafende Staat ein wenig dem lieben Gott. Spricht man den lieben Gott darauf an, wie er - als gütiger und allmächtiger Gott - all das unermessliche, namenlose Leid mit ansehen kann, das sich seine Geschöpfe seit jeher gegenseitig zufügen - dann pflegt er zu sagen: „Ich habe die Menschen mit der Fähigkeit zum Guten wie zum Bösen ausgestattet. Ich habe ihnen aber auch die Willensfreiheit mitgegeben, die sie dazu befähigt, sich für das Gute zu entscheiden. Was kann ich dafür, wenn sie es nicht tun und sich stattdessen schon das Leben selbst zur Hölle machen?" Man hätte hier noch gern die Frage gestellt, ob nicht womöglich ein schwerer Konstruktionsfehler vorliegt, wenn die Willensfreiheit zu derart katastrophalen Konsequenzen führt - aber da hat sich der liebe Gott schon wieder abgewandt. Mit lästigen Fragern konnte er noch nie viel anfangen.

VIII. Einige Gründe, warum wir auf die Willensfreiheit nicht verzichten können

Ich-Gefühl

Unser Bewusstsein suggeriert uns, dass wir freie Entscheidungen treffen, soweit wir keinen spürbaren äußeren oder inneren Zwängen ausgesetzt sind. Willensimpulse tauchen in uns auf, wir wissen nicht woher. Jedenfalls sind sie von uns. Das bewusste Ich greift diese Willensimpulse auf, macht sie sich zu eigen und übernimmt jetzt selbst die Rolle des souveränen Urhebers unserer Entscheidungen und Handlungen. Wir bestimmen über uns selbst, wir sind unsere eigenen Herren. Auf dieses Gefühl der Freiheit können wir nicht verzichten. Die Vorstellung, dass nur etwas mit uns geschieht, wäre uns unerträglich.

Aufschlussreich sind in diesem Zusammenhang die Experimente, die mit post-hypnotischen Befehlen gemacht worden sind. Das Bemerkenswerte daran ist, dass die Versuchspersonen die ihnen in der Hypnose aufgetragenen Handlungen später nicht nur ausführen - sie erleben diese Handlungen auch als *selbst gewollt*. Schon 1929 haben F. Alexander und H. Staub folgendes berichtet: „So erhielt zum Beispiel eine Hypnotisierte den Befehl, eine Stunde nach dem Aufwachen ihr Haus zu verlassen, in dem Treppenflur sich umzudrehen und in das Zimmer zurückzugehen und erst dann wieder das Haus zu verlassen. Als sie im Wachzustande, von den in der Hypnose erhaltenen Befehlen nichts wissend, die Handlungen tatsächlich ausführte, und man sie fragte, warum sie weggehe, extemporierte sie ein ad hoc erfundenes Motiv, sie müsse zur Schneiderin gehen. Das Umkehren in dem Treppenflur begründete sie damit, dass sie ihr Taschentuch vergessen hätte. *Es sträubte sich etwas in ihr, eine Handlung ohne bewusste Motivation auszuführen.*" [37] Das bewusste Ich will Herr des Geschehens bleiben - und wenn es das nicht ist, gibt es sich auch mit einer Illusion zufrieden.

Omnipotenz

Wenn die Willensfreiheit sprechen könnte, würde sie zu uns sagen: „Wer ist hier eigentlich für wen da? *Du* bist der Herr deines Willens - nicht umgekehrt. Du kannst wollen, was du willst, wozu bist du schließlich frei? Alles ist möglich." Das hören wir gern. Gibt es etwas Schöneres, als Freiheitsluft zu atmen?

Wir lassen uns von der Freiheit nur allzu leicht in die Irre führen. Auch die Willensfreiheit ist eine trügerische Freiheit, sie verspricht mehr, als sie halten kann. Sie gaukelt uns Möglichkeiten vor, die wir gar nicht haben. Sie stiftet uns dazu an, Luftschlösser zu bauen, dem Laster des Wunschdenkens zu frönen und uns in die eigene Tasche zu lügen. A. Schopenhauer hat das mit einer spöttischen kleinen Geschichte anschaulich beschrieben: „Wir wollen uns einen Mann denken, der, etwa auf der Gasse stehend, zu sich sagte: Es ist 6 Uhr abends, die Tagesarbeit ist beendigt. Ich kann jetzt einen Spaziergang machen; oder ich kann in den Klub gehn; ich kann auch auf den Turm steigen, die Sonne untergehn zu sehn; ich kann auch ins Theater gehn; ich kann auch diesen oder aber jenen Freund besuchen; ja ich kann auch zum Tor hinauslaufen, in die weite Welt, und nie wiederkommen. Das alles steht allein bei mir, ich habe völlige Freiheit dazu; tue jedoch davon jetzt nichts, sondern gehe ebenso freiwillig nach Hause zu meiner Frau." [38]

Eitelkeit

Die Willensfreiheit schmeichelt unserer Eitelkeit. Alle unsere schönen Eigenschaften, unsere Gewissenhaftigkeit und unser Pflichtgefühl, unsere Hilfsbereitschaft und unsere Mitmenschlichkeit können wir auf unser eigenes Konto buchen. Sie werden jetzt zu Verdiensten, mit denen wir uns Ansehen und Anerkennung in der Welt verschaffen können. Aus freien Stücken haben wir beschlossen, gewissenhaft, pflichtbewusst und hilfsbereit zu sein. Das verdient Lob. Auch für unsere Leistungen übernehmen wir jederzeit die volle Verantwortung. Gibt es nicht so viele, die *nichts* geleistet haben? Das ist eine schöne Welt, wir können mit uns zufrieden sein.

Das Bild ändert sich schlagartig, wenn man uns bei unseren Sünden ertappt - wenn es also darum geht, auch für unsere Missetaten die Verantwortung zu übernehmen. Jetzt gibt es plötzlich Zwänge, gegen die wir nichts ausrichten konnten, die Umstände waren stärker als wir, wir hatten gar keine andere Wahl usw. Erst hier gelangen wir offenbar zur wahren Einsicht der Dinge. Packt man uns bei unserer Verantwortung, sind wir die ersten, die der Freiheit feierlich abschwören. Wir wollen den Preis der Willensfreiheit gar nicht wirklich bezahlen.

So erweist sich die Willensfreiheit als eine höchst sinnreiche Einrichtung. Wo wir sie brauchen können, um uns zu schmeicheln, ist sie zuverlässig zur Stelle. Wo nicht, zieht sie sich diskret zurück. Ein perfekter Kammerdiener.

Schuld

Die Willensfreiheit kommt einem tief sitzenden menschlichen Bedürfnis entgegen, dem Bedürfnis nach einem *Schuldigen*. Der Schuldige verschafft uns eine starke seelische Entlastung. Ein Unglück ist viel leichter zu ertragen, wenn jemand daran schuld ist. Wir haben jetzt jemanden, an dem wir uns schadlos halten können. Es scheint ein trauriges psychologisches Gesetz zu sein, dass Leid dadurch gemildert werden kann, dass man Leid *zufügt,* es gewissermaßen weitergibt. Das Leid löst den Impuls aus, zurückzuschlagen - egal wohin. Wir schlagen sogar den Tisch, an dem wir uns gestoßen haben.

„Was für Ursachen erfinden wir nicht für die Missgeschicke, die uns treffen? Wonach haschen wir nicht kreuz und quer, etwas zu finden, woran wir unseren Unmut kühlen können?" (Montaigne) [39] Je größer das Leid, desto weniger wählerisch sind wir bei der Suche nach einem Schuldigen. Können wir beim besten Willen keinen Schuldigen finden, geben wir uns auch mit einem Stellvertreter zufrieden, mit einem Sündenbock. Der Sündenbock ist das nützlichste Tier von der Welt.

Wir können ihm unser ganzes Elend aufladen und unsere ganze Wut an ihm auslassen. In diesem Punkt kennen wir nicht die geringsten Skrupel. Das geht so weit, dass ganze Völker zu Sündenböcken gemacht und bei solchen Gelegenheiten fast ausgerottet werden können. Das ist die Stunde der Demagogen. Demagogen sind Spezialisen im Aufspüren von Sündenböcken. Darin liegt das Geheimnis ihres Erfolges.

Auch in Konfliktsituationen aller Art ist das Sündenbock-Spiel sehr beliebt. Anstatt einen Interessenausgleich zu suchen und den Konflikt zu lösen, beschäftigt man sich mit der Frage, wer an dem Konflikt schuld ist. Das macht Spaß und entlastet von mühsamen gedanklichen Anstrengungen, vor allen Dingen von den Anstrengungen der selbstkritischen Art. Aber je mehr man sich mit Schuldzuweisungen verzettelt, desto weiter entfernt man sich von der Lösung des Problems. Die Erfahrung zeigt, dass Konflikte häufig auf diese Weise ausgetragen werden, im Großen wie im Kleinen. Deshalb führen sie auch zu nichts. Oder zu Mord und Totschlag.

Moral

Wir können zu einem Gewalttäter schlecht sagen: Ja, ja, wir wissen schon, du kannst nichts dafür. Du bist in erbärmlichen Verhältnissen aufgewachsen, du hast keine Liebe gekriegt, du bist geprügelt worden und mit deiner Intelligenz steht es leider auch nicht gerade zum Besten. Jetzt willst du zurückprügeln. Wir haben vollstes Verständnis. Du bist ein bedauernswertes Opfer unglücklicher Umstände.

Will man dem Menschen moralisches Verhalten abfordern, muss man ihm die Verantwortung für seine Handlungen auferlegen. Man muss ihn für sich selbst haftbar machen. Die Willensfreiheit macht diese Haftung möglich, denn sie unterstellt, dass man eine Wahl hat. Wer eine Wahl hat, ist für seine Wahl auch verantwortlich.

So sind die Wurzeln der Willensfreiheit schließlich auch in der Moral zu suchen. Es geht der Willensfreiheit gar nicht so sehr um die Freiheit an sich, sondern um die Freiheit, sich für das Richtige zu entscheiden, auf sein Gewissen zu hören, sich beherrschen zu können usw. Auch die Strafjustiz hat die Willensfreiheit als freie *sittliche* Selbstbestimmung definiert. Die Willensfreiheit enthält einen moralischen Imperativ: Wenn du es willst, kannst du dich für das Gute entscheiden. Du kannst es wollen, weil du es wollen solltest. Oder, auf Kantisch, knapp und trocken: *Du kannst, weil du sollst.*

Natürlich ist der Schluss vom Sollen auf das Können logisch nicht zulässig, und so nimmt die Willensfreiheit auch hier wieder ihre typische metaphysische Färbung an. Aber sie hat dennoch ein bißchen Recht. Die Willensfreiheit ist, wenn man die öffentliche Sicherheit und Ordnung im Auge hat, eine sehr nützliche Fiktion. Ein bekannter Strafrechtslehrer hat sie gar als „staatnotwendige Fiktion" bezeichnet. Ein geordnetes gesellschaftliches Zusammenleben ist nur möglich, wenn jedermann für seine Handlungen verantwortlich gemacht und notfalls auch zur Verantwortung gezogen werden kann. Wir können es uns gar nicht leisten, die Menschen aus ihrer Verantwortung für sich selbst zu entlassen - die Folgen wären nicht auszudenken.

Die berühmten Milgram-Experimente aus den 1960er Jahren haben auf beklemmende Weise gezeigt, wozu Menschen fähig sind, wenn man ihnen die Verantwortung einmal abnimmt.[40] Die Milgram-Experimente waren wahre Experimente des Teufels. Deshalb soll von ihnen hier etwas ausführlicher die Rede sein.

Das Problem, dass die experimentelle Situation das Experiment stören kann, gibt es nicht nur im atomaren Mikrokosmos. Auch die sozialpsychologische Feldforschung steht vor dieser Schwierigkeit. Auch Menschen verhalten sich anders, wenn sie beobachtet werden. Will man die Wahrheit über sie herausfinden, muss man sie überlisten. Die List der Milgram-Experimente bestand folgerichtig darin, den Versuchspersonen zu verschleiern, dass *sie selbst* die Versuchspersonen waren. Man spiegelte ihnen vor, sie seien freiwillige Mitarbeiter an einem Forschungsprojekt, mit dem der Einfluss von Strafen auf das Lernverhalten untersucht werden sollte.

Dazu diente folgendes Arrangement. Die Experimente fanden in der psychologischen Fakultät der renommierten Yale University in New Haven statt - ein perfektes Setting, das an der Wissenschaftlichkeit der Veranstaltung keinen Zweifel aufkommen ließ. In Anwesenheit der Versuchsperson wurde ein „Schüler" auf einen Stuhl gesetzt und festgeschnallt, „um heftige Bewegungen zu verhindern". Der Stuhl sah etwa so aus, wie man sich einen elektrischen Stuhl vorstellt. Am Handgelenk des Schülers wurde eine Elektrode befestigt und Elektrodensalbe aufgetragen, „um Blasen und Verbrennungen zu vermeiden". Der Versuchsperson wurde erklärt, dass die Elektroschocks zwar schmerzhaft seien, aber keine „bleibenden Gewebeschäden" zurücklassen würden. Um der Versuchsperson den Ernst der Situation noch deutlicher zu machen, wurde ihr ein Probeschock von 45 Volt verabreicht. Die Versuchsperson wurde dann in den Nebenraum geführt und vor einen eindrucksvollen „Schockgenerator" gesetzt. Auf einem Schaltbrett konnte man die Stärke der Stromstöße ablesen - von „leichter Schock", „kräftiger Schock", „sehr schwerer Schock" bis „Gefahr! Bedrohlicher Schock". Die letzte Stufe - bei 450 Volt - war mit einem ominösen „XXX" gekennzeichnet. Die Versuchsperson erhielt den Auftrag, dem „Schüler" Elektroschocks zu versetzen, wenn dieser sein Lernpensum nicht bewältigt hatte. Bei jeder falschen Antwort sollte der Schock erhöht werden - bis zum Maximum von 450 Volt. Erst dann wurde das Experiment von Seiten des Versuchsleiters jeweils beendet.

Das alles war natürlich Staffage. Der „Schüler" war auf seine Rolle sorgfältig vorbereitet worden; bei stärkeren „Stromstößen" fing er an, zu protestieren, zu stöhnen und schließlich zu schreien. Es war also alles da, auch ein sehr vernehmlicher Appell an das Mitleid.

Als Autorität, die die Verantwortung für all das übernahm, fungierte die Wissenschaft. Von hier aus wurde gelegentlich ein gewisser Druck ausgeübt, wenn eine Versuchsperson den wissenschaftlichen Auftrag nur widerwillig ausführen wollte („Sie müssen unbedingt weitermachen!", „Das Experiment erfordert, dass Sie weitermachen!" usw.). Das war der geniale Zug an den Experimenten. Der Gehorsam wurde nicht für irgendeine Politik oder Ideologie eingefordert, sondern für die wissenschaftliche Forschung - eine objektive, unbestechliche Instanz, die unserem Wohl und unserem Fortschritt zu dienen bestimmt ist. Das ist eine Autorität, der man sich nicht leicht entzieht. Es ist eine Autorität, die sogar gewisse Opfer rechtfertigt.

Das erschreckende Ergebnis der Milgram-Experimente bestand darin, dass die meisten Versuchspersonen bereit waren, das Experiment bis zum Ende durchzuhalten und dem „Schüler" schwerste Schmerzen, wenn nicht sogar körperliche Schäden zuzufügen. Nur etwa ein Drittel der Versuchspersonen konnte sich dazu entschließen, die Verantwortung wieder in die eigenen Hände zu nehmen und das Experiment vorzeitig abzubrechen.

Die Experimente sind später in einigen anderen Ländern nachgestellt worden. Es überrascht nicht, dass die Ergebnisse in Deutschland deutlich anders ausfielen als in den USA. In Deutschland - genauer gesagt in München - belief sich der Anteil der Gehorsamsverweigerer nur auf 15 Prozent. [41]

S. Milgram und seine Mitarbeiter haben die Versuchsanordnung vielfach abgewandelt. In einer besonders hinterhältigen Variante mussten die Versuchspersonen den „Schockgenerator" nicht mehr selbst betätigen; diese Aufgabe wurde einem Gehilfen übertragen. Die Versuchspersonen hatten jetzt nur noch die Fragen an den Schüler zu stellen. Damit war auch der letzte Rest von Verantwortlichkeit delegiert. In dieser Situation haben nur noch 3 von 40 Versuchspersonen zu ihrer eigenen Verantwortung für das Geschehen zurückgefunden und der Tortur vorzeitig ein Ende gemacht - nicht einmal 10 Prozent. Diese Variante erklärt beiläufig den Sinn komplizierter hierarchischer Strukturen in totalitären Regimes. Die Verantwortung wird atomisiert und verflüchtigt sich ins Nichts.

S. Milgram hatte sich, nach den Erfahrungen des Nationalsozialismus und des Vietnamkriegs, die Aufgabe gestellt, ein wenig Licht in das Phänomen des *Gehorsams* zu bringen. Dabei kam ein bestimmtes Muster zum Vorschein. Die Abgabe der Verantwortung wurde, im Experiment wie in der Wirklichkeit, mit dem immer gleichen Satz gerechtfertigt: „Ich habe nur Befehle befolgt." Was so viel besagt wie: ich habe gar nicht gehandelt, ein anderer hat durch mich gehandelt. Ich bin nur Werkzeug, ich bin nicht verantwortlich. Ich bin eigentlich gar nicht vorhanden. Man bringt sich moralisch in Sicherheit, indem man sich unsichtbar macht, nach dem Prinzip der Tarnkappe.

Es ist aber nur eine Verwechslung von Ursache und Wirkung. *Zuerst* wird die Verantwortung abgegeben - und dann erst werden die Befehle befolgt. Die Milgram-Experimente haben gezeigt, dass wir mit unserer Verantwortung ziemlich leichtfertig umgehen. Es scheint uns nicht allzu viel daran zu liegen. Es fällt uns nicht schwer, uns einer Autorität unterzuordnen und unsere Verantwortung abzugeben. Manchmal kommt es uns sogar nicht einmal ganz ungelegen. Und sind wir die Verantwortung erst los, müssen wir uns auch keine besonderen Skrupel mehr leisten. Der Gehorsam macht es uns möglich, die größten Untaten mit dem besten Gewissen der Welt zu begehen. Selbst der Massenmörder Adolf Eichmann konnte sich in seinem Prozess in Jerusalem zu der bizarren Ausflucht versteigen, sein Gehorsam sei von den Machthabern „missbraucht" worden. [42] Der Schriftsteller C. P. Snow hat hier ein trauriges Fazit gezogen: „Wenn man sich die lange und düstere Geschichte der Menschheit ansieht, entdeckt man, dass mehr Gräueltaten im Namen des Gehorsams begangen worden sind als jemals im Namen der Rebellion." [43]

Die Milgram-Experimente haben, am Rande bemerkt, nicht nur ein moralisches, sondern auch ein intellektuelles Defizit offengelegt. Die Autorität wird niemals kritisiert. Keine einzige Versuchsperson hat die naheliegende Frage gestellt, seit wann es der wissenschaftlichen Forschung erlaubt ist, zu Methoden der Menschenschinderei zu greifen? Noch dazu, um einer vollkommen idiotischen Hypothese nachzugehen? Denn schon die bloße Vorstellung, Elektroschocks könnten stimulierend auf unsere Lernfähigkeit, das heißt auf unsere Konzentrationsfähigkeit einwirken, ist ja an Absurdität nur schwer zu überbieten.

IX. Lob der Kausalität

Gratifikationen

Wir nehmen gegenüber der Kausalität eine eigentümlich zwiespältige Haltung ein. Unsere äußere Welt betrachten wir zu Recht als ein kausal vollkommen abgeschlossenes System. Unseren Kopf dagegen haben wir zur exterritorialen Zone erklärt. Hier ist die lästige Diktatur der Kausalität abgeschafft, hier herrschen Freiheit und Gesetzlosigkeit. Es ist unsere alte Unart, uns aus der Natur hinausdenken zu wollen.

Was ist eigentlich so unzumutbar an der Vorstellung, dass auch unser Wille dem Gesetz der Notwendigkeit gehorchen muss? Der Gedanke hat schon fast etwas Anstößiges, geradezu Ehrenrühriges. Wir tun gerade so, als hinge unsere Menschenwürde davon ab, dass wir uns über die Kausalität hinwegsetzen können. Einen Mann vom Fach haben wir zu dieser Frage ja schon gehört.

Es ist Zeit, für die Kausalität einmal eine Lanze zu brechen, diese Geringschätzung hat sie nicht verdient. Wir sind mit der Kausalität in weitaus besserer Gesellschaft als mit der Freiheit. Die Willensfreiheit stürzt uns nur, wie wir gesehen haben, in alle möglichen Verwirrungen und Verlegenheiten. Die Kausalität ist ein besserer Ratgeber. Die Einsicht, dass alles, was geschieht, notwendig geschieht, kann unserer Lebensklugheit ein gutes Stück weiterhelfen.

Die Kausalität gibt uns ein Gefühl der Sicherheit. Alles hat Regel und Ordnung. Alles folgt bestimmten Gesetzen - man muss sie jetzt nur noch herausfinden. Das ist die Aufgabe, vor die uns die Kausalität stellt. Je besser wir die gegebenen Bedingungen und Notwendigkeiten erkennen, desto besser können wir den Gang der Ereignisse verstehen, vielleicht sogar voraussehen. Das macht die Dinge überschaubar und kalkulierbar.

Diese Betrachtungsweise empfiehlt sich besonders dann, wenn wir uns in der menschlichen Gesellschaft zurechtfinden wollen. Die Kausalität lehrt uns, auch die Gesetzmäßigkeiten der menschlichen Natur zu verstehen. Der Kausalität verdanken wir unsere ganze Menschenkenntnis und unsere ganze Psychologie. Je besser wir die Motive kennen, die Menschen in Bewegung setzen, desto besser können wir absehen, wohin und wie weit sie gehen werden. Wir wissen, was wir zu erwarten haben und was nicht. So sind wir gewappnet und vor allerlei unliebsamen Überraschungen geschützt. Einem freien Willen dagegen wäre alles Mögliche zuzutrauen. Jeder menschliche Verkehr wäre eine Fahrt mit der Geisterbahn.

Überhaupt können wir jetzt gegenüber unseren Artgenossen eine sehr viel bequemere Haltung einnehmen. Es hat keinen Sinn, jemandem einen Vorwurf daraus zu machen, dass er tut, was er, seinen eigenen Gesetzen folgend, tun muss. Genauso gut könnte man ihm vorhalten, dass er abstehende Ohren hat. Diese Einsicht macht das Leben um vieles leichter. Wir müssen keine Vorwürfe mehr erheben, wir brauchen keine Schuldigen mehr zu suchen und wir haben keine Rechnungen mehr zu begleichen. Unnötige Aufregungen können wir uns ersparen; für Entrüstung, Wut oder gar Hass besteht nicht die geringste Veranlassung. Selbst Verachtung wäre eine manchmal verständliche, aber ganz und gar unphilosophische Haltung. An die Stelle derartiger Reflexe tritt jetzt die Toleranz, das heißt die schwierige Kunst, das Gegebene als gegeben hinzunehmen. Jeder ist, was er ist. Keiner hat sich sich selbst ausgesucht. Wie viele hätten sonst nicht eine bessere Wahl getroffen!

A. Schopenhauer gibt uns hier folgenden guten Rat mit auf den Weg: „Wer unter Menschen zu leben hat, darf keine Individualität, da sie doch nun einmal von der Natur gesetzt ist, unbedingt verwerfen; auch nicht die schlechteste, erbärmlichste oder lächerlichste. Er hat sie vielmehr zu nehmen als ein Unabänderliches, welches infolge eines ewigen Prinzips so sein muss, wie es ist, und in den argen Fällen soll er denken: es muss auch solche Tröpfe geben." [44]

Am Ende kann uns die Kausalität, wenn wir auf ihre Stimme hören, zu einer fatalistischen, stoischen, wahrhaft philosophischen Haltung führen. Was immer wir tun, was immer geschieht: es geschieht notwendig und unabwendbar. Vor dem Unabwendbaren muss man sich aber nicht fürchten - schon gar nicht, wenn man es nicht einmal kennt. Das wäre eine unnötige, selbstquälerische Furcht. Das Unabwendbare kommt, ob wir es fürchten oder nicht. „Das nenne ich überzeugt sein: nichts fürchten, weil nichts geschieht, was nicht vorherbestimmt ist." (Montaigne)

Hat uns einmal ein Unglück getroffen, sagt die Kausalität zu uns: Beruhige dich, mein Lieber, es ist gekommen, wie es kommen musste, es war ganz unausweichlich. Die Umstände haben leider keine andere Möglichkeit zugelassen. Vielleicht hast du einen Fehler gemacht, aber so etwas kommt vor. Auch das ist kein Grund zur Klage, nicht einmal zur Selbstanklage. Du hast es nicht besser gewusst. Wenn du hinterher etwas schlauer geworden bist: umso besser. Vielleicht nützt es dir das nächste Mal.

Wollen wir uns in der Wirklichkeit einigermaßen zurechtfinden, tun wir gut daran, uns an die Kausalität zu halten. Auf sie ist unbedingter Verlass, eine bessere Weggefährtin können wir uns nicht wünschen. Wir müssen nur ihre Sprache richtig verstehen. Wenn wir genau genug hinhören, erklärt sie uns die ganze Welt.

Nehmen wir also Abschied von unserem Lügenbaron, der der Notwendigkeit immer wieder ein Schnippchen geschlagen und unseren Freiheitsgeist beflügelt hat. Er ist ein Phantast und ein Träumer, ein Romantiker und ein Idealist - aber eben doch ein Lügner.

Sündenregister

Wie schon bemerkt haben wir die Neigung, die Willensfreiheit als unverzichtbaren Bestandteil unserer Menschenwürde aufzufassen. Selbstbestimmung und Eigenverantwortlichkeit machen uns überhaupt erst zu wirklichen, vollgültigen Menschen. Von Moralisten und Juristen wird hier besonders unsere Fähigkeit zu freien *sittlichen* Entscheidungen hervorgehoben. So weit, so schön. Es wäre aber auch einmal zu fragen, was wir mit unserer Freiheit tatsächlich anstellen. Als fleißige Philosophie-Studenten haben wir ja gelernt, bei der Frage „frei wovon?" nicht stehen zu bleiben, sondern auch zu fragen: *frei wozu*? Worauf läuft das Ganze hinaus? Ist auch der Gebrauch, den wir von unserer Willensfreiheit machen, noch mit der Menschenwürde vereinbar? Oder führen wir dieses schöne Wort hier nur ein wenig spazieren?

Werfen wir zum Beispiel einen Blick auf unsere Geschichte. Was ist die menschliche Geschichte in großen Zügen anderes als eine Chronik der menschlichen Dummheit und der menschlichen Grausamkeit? Lernen wir nicht schon in der Schule die Geschichte als eine einzige Folge von Schlachten, Kriegen, Bürgerkriegen, Religionskriegen, Eroberungskriegen, Völkermorden und anderen Formen des organisierten Massenmords kennen? Spricht nicht schon allein das letzte Jahrhundert mit seinen zwei Weltkriegen und 70 Millionen Toten eine überdeutliche Sprache? Das waren Schlächtereien, wie sie die Welt noch nicht gesehen hatte. Aber damit war es offenbar noch nicht getan. Wie viel Scharfsinn, wie viel Einfallsreichtum haben wir seither mit der Erfindung sogenannter „Massenvernichtungswaffen" bewiesen! Wir haben sogar eine besonders intelligente Bombe erfunden, die nur alles organische Leben auslöscht, dafür aber Gebäude, Industrieanlagen, Infrastruktur usw. komplett intakt lässt. Das ist praktisch gedacht.

Oder betrachten wir unsere gegenwärtige Welt. Beruht nicht unsere ganze schöne Zivilisation im Wesentlichen auf der Ausplünderung unseres Planeten und der Ausbeutung unserer Artgenossen? Haben wir uns nicht mit Haut und Haaren den zerstörerischen Gesetzen des Profits verschrieben? Sind wir nicht die Apotheose des Parasitentums? Noch dazu eines ungewöhnlich dummen Parasitentums: wir fressen unseren Wirt auf. Einem intelligenten Parasiten würde so etwas nicht einmal im Traum einfallen.

Die Vorstellung, dass all dies ohne Not, *aus freien Stücken*, aus purer Dummheit oder Bösartigkeit geschieht, wäre unserer Menschenwürde nicht gerade zuträglich. Die Vorstellung ist, um genau zu sein, ganz und gar unzumutbar. Die Kausalität eröffnet uns hier eine ungleich freundlichere Perspektive. In der Unverantwortlichkeit des Menschen läge gar keine Kränkung, sondern, im Gegenteil, eine Entlastung, geradezu eine Tröstung. Eigentlich sollte die Kausalität Balsam für unsere Seelen sein, sie vergibt uns alle unsere Sünden.

Wir könnten beispielsweise guten Gewissens sagen: Wir stehen nicht über der Natur, wir sind nur ein Teil von ihr. Wir zerstören nicht die Natur, die Natur zerstört sich selbst. Mit der Erfindung des menschlichen Gehirns hat die Natur ihr Schicksal besiegelt. Sie muss jetzt die Rechnung dafür bezahlen, dass sie das Parasitentum zum Grundgesetz des Lebens gemacht hat. Sie wird jetzt ihr eigenes Opfer: sie frisst sich selbst auf.

Mit dem gleichen Recht könnten wir sagen: Dass wir uns nicht nur hier und da ein wenig gegenseitig umbringen, sondern dass wir uns in industriellem Maßstab, zu Millionen, nach allen Regeln der Kunst systematisch vernichten können, gerade so, wie man Ungeziefer ausrottet - das verdanken wir dieser phantastischen Mischung aus technischer Intelligenz und

moralischer Imbezilität, die man sich unmöglich freiwillig ausgesucht haben kann. Wir glauben zwar fest
daran, dass unsere Vernunft eines Tages unsere De-
struktivität bezwingen könnte. Aber inzwischen haben
wir mehr Waffen angehäuft, als nötig ist, um unsere
Spezies auszurotten und unseren Planeten unbewohn-
bar zu machen. Nun sagen Sie selbst: ist es möglich,
sich für einen derartigen Irrsinn frei zu entscheiden?

Anmerkungen

[1] Schon Freud selbst hat die Kränkung der Psychoanalyse mit der Kopernikanischen und der Darwin´schen Kränkung in Verbindung gebracht, vgl. *S. Freud*: Einige Schwierigkeiten der Psychoanalyse, in: Abriss der Psychoanalyse, Frankfurt am Main 1994, S. 190 ff

[2] *A. Schopenhauer*: Preisschrift über die Freiheit des Willens, Sämtliche Werke, Stuttgart/Frankfurt a. M. 1962, Bd. III, S. 539 (Hervorhebung von mir)

[3] *Voltaire*: Philosophisches Wörterbuch, unter: Willensfreiheit

[4] *A. Schopenhauer*, aaO, S. 524 f

[5] *A. Schopenhauer*, aaO, S. 539

[6] *A. Schopenhauer*: Preisschrift über die Grundlage der Moral, aaO, S. 632 ff

[7] *A. Schopenhauer*, aaO, S. 565

[8] *L. Rhinehart*: The Dice Man, New York 1971

[9] *T. Hobbes*: Moral and Political Works, zit. nach *A. Schopenhauer*, aaO, S. 598 f

[10] *W. Prinz:* Der Mensch ist nicht frei, in: *C. Geyer* (Hg.): Hirnforschung und Willensfreiheit, Frankfurt a. M. 2004, S. 22

[11] Zit. nach *H. J. Störig*: Weltgeschichte der Wissenschaft, Köln 2004, Bd. 2, S. 352

[12] *S. Freud*: Das Ich und das Es, Gesammelte Werke, Frankfurt a. M. 1960, Bd. 13, S. 286

[13] *E. Fromm*: Jenseits der Illusionen, Reinbek 1981, S. 93

[14] *B. Spinoza*: Ethik, 3. Teil, 2. Lehrsatz

[15] Vgl. *B. Libet*: Haben wir einen freien Willen? in: *C. Geyer*, aaO, S. 268 ff

[16] *D. Eagleman*: Inkognito, Frankfurt a. M. 2012, S. 195

[17] *S. Freud*: Das Unbewusste, in: Das Ich und das Es, Frankfurt a. M. 1992, S. 127

[18] Vgl. etwa *E. Kandel*: Psychiatrie, Psychoanalyse und die Biologie des Geistes, Frankfurt a. M. 2006, S. 119 ff; *G. Roth*: Fühlen, Denken, Handeln, Frankfurt a. M. 2003, S. 430 ff

[19] Vgl. dazu *W. Singer*: Verschaltungen legen uns fest, in: *C. Geyer*, aaO, S. 46 ff , 58 ff; *G. Roth*: Fühlen, Denken, Handeln, aaO, S. 225 ff, 550 f; ders.: Aus Sicht des Gehirns, Frankfurt a. M. 2009, S. 152 ff; *D. Eagleman*: Inkognito, Frankfurt a. M., 2012

[20] *W. Singer,* aaO, S. 49 f (Hervorhebung von mir)

[21] *Montaigne*: Die Essais, Zürich 1953, S. 325

[22] Vgl. im Einzelnen *W. Singer*, aaO, S. 43 f, 56 ff; *G. Roth*: Aus Sicht des Gehirns, aaO, S. 151

[23] *G. Roth:* Persönlichkeit, Entscheidung und Verhalten, Stuttgart 2007, S. 179

[24] Vgl. im Einzelnen G. *Roth:* Fühlen, Denken, Handeln, aaO, S. 378 ff; ders.: Aus Sicht des Gehirns, Frankfurt a. M. 2009, S. 147 ff; D. *Eagleman,* aaO, S. 120 ff

[25] *M.Pauen/G. Roth*: Freiheit, Schuld und Verantwortung, Frankfurt a. M. 2008, S. 10; vgl. auch M. *Pauen*: Illusion Freiheit? Frankfurt a. M. 2006, S. 17 f

[26] P. *Bieri*: Das Handwerk der Freiheit, Frankfurt a. M. 2003, S. 80. Ähnlich E. *Fromm* in: Die Seele des Menschen, Frankfurt a. M./Berlin/Wien 1981, S. 152 ff

[27] W. *Heisenberg*, Zeitschrift für Physik, Bd. 43 (1927), S. 197 (Hervorhebung von mir)

[28] Zit. nach E. *Scheibe*: Die Philosophie der Physiker, München 2006, S. 277

[29] W. *Heisenberg,* aaO

[30] Bundesgerichtshof in Strafsachen, Bd. 2, S. 200

[31] Eine schöne Auswahl findet man in T. *Moser*: Repressive Kriminalpsychiatrie, Frankfurt M., 1971

[32] M. *Bleuler*: Sühne und ihre ärztliche Behandlung in ihrer heilenden Bedeutung, in: Schuld, Verantwortung, Strafe, 1964, S. 104

[33] W. *de Boor*: Bewusstsein und Bewusstseinsstörungen, Berlin 1966, S. 81

[34] F. *v. Liszt*: Die deterministischen Gegner der Zweckstrafe, in: Strafrechtliche Aufsätze und Vorträge, Berlin 1905, S. 39

[35] *F. v. Liszt*: Die strafrechtliche Zurechnungsfähigkeit, aaO, S. 219

[36] Vgl. etwa *E. Dreher*: Die Willensfreiheit, München 1987, S. 21 f

[37] *F. Alexander/H. Staub*: Der Verbrecher und sein Richter (1929) in: Psychoanalyse und Justiz, Hg. von *T. Moser*, Frankfurt a. M. 1971, S. 264 f (Hervorhebung von mir)

[38] *A. Schopenhauer*, aaO, S. 561

[39] *Montaigne*: Die Essais, Zürich 1953, S. 73

[40] Vgl. *S. Milgram*: Das Milgram-Experiment, Reinbek 1982

[41] *S. Milgram*, aaO, S. 198

[42] *H. Arendt*: Eichmann in Jerusalem, New York 2006, S. 175

[43] *C. P. Snow*: Either-Or, zit. nach *S. Milgram*, aaO, S. 17

[44] *A. Schopenhauer*, aaO, Bd. IV, S. 531

Die Montaigne-Zitate ohne Hinweis sind aus *Montaigne*, Zum Zeitvertreib und um die Phantasie zu tummeln, Hg. von K. Bernhard, Zürich 1985

MIX

Papier | Fördert
gute Waldnutzung

FSC® C083411

Zeitfracht Medien GmbH
Ferdinand-Jühlke-Straße 7
99095 Erfurt, Deutschland
produktsicherheit@kolibri360.de